КУВАР ЉУБ
ЦРВЕНОГ СОМОТА

100 ОЧАРАЈНИХ РЕЦЕПАТА ИНСПИРИСАНИ
КЛАСИЧНИМ КОЛАЧОМ ЦРВЕНИ СОШУН

Пауна Егарић

Ауторски материјал ©2023

Сва права задржана

Ниједан део ове књиге се не сме користити или преносити у било ком облику или на било који начин без одговарајуће писмене сагласности издавача и власника ауторских права, осим кратких цитата који се користе у рецензији. Ову књигу не треба сматрати заменом за медицинске, правне или друге стручне савете.

ПРЕГЛЕД САДРЖАЈА

ПРЕГЛЕД САДРЖАЈА 3
УВОД 7
ДОРУЧАК 8
   1. Палачинке од црвеног сомота са преливом од кефира 9
   2. Ред Велвет Смоотхие Бовлс 12
   3. Црвени сомот палачинке са пуњењем од крем сира 14
   4. Црвени сомот ролнице са циметом 16
   5. Црвени сомот печени крофни 19
   6. Палачинка од црвеног сомота 21
   7. Ред Велвет Цхееси Ваффле 23
   8. Црвени сомот француски тост 25
   9. Ред Велвет Хот Цхоцолате 27
   10. Црвени сомот банана хлеб 29
   11. Ред Велвет Моцхи вафла 31
   12. Ред Велвет Хот Пеппермит чоколада 33
   13. Овсена каша од црвеног сомота 35
   14. Ред Велветмлеко од малине и бадема 37
   15. Укисељена јаја од црвеног сомота 39
   16. Латке од црвеног сомота 41
   17. Хаш од црвеног сомота 43
   18. Црвени сомот Breakfast Пица 45
ПРЕЈЕЛА И ГРИЗАЛИЦЕ **47**
   19. Црвене сомотне бомбе 48
   20. Ред Велвет бундеве барови 50
   21. Ред Велвет Фудге Протеин Барс **52**
   22. Ред Велвет Пуппи Цхов 54

23. Ред Велвет Парти Мик 57

24. Црвени баршунасти колачи 59

25. Ред Велвет ситни пехари 62

26. Ред Велвет Цхеесе Балл 64

27. Ред Велвет Цхеесецаке Бровние Битес 66

28. Ред Велвет кокице 69

29. Ред Велвет Рице Криспиес 71

30. Чипс од црвеног сомота 73

31. Копар и бели лук цвекла 75

32. Салата са предјело од црвеног сомота 77

33. Чамци од репе 79

34. Црвени сомот фритуле 81

ГЛАВНО ЈЕЛО 83

35. Црвени сомот супа 84

36. Црвени сомот салата са цвеклом и мозареллом 86

37. Пилећи прсти од црвеног сомота 88

38. Ред Велвет Бургер 90

39. Црвена сомотна скуша са цвеклом 93

40. Рижото од црвеног сомота 96

45. Црвени сомот Слидерс 98

46. Шкампи са амарантом и козјим сиром 101

47. Јакобове капице и кељ на жару са сосом од свеже цвекле 104

СОУП 107

48. Боршч од репе 108

49. Супа од купуса и цвекле 110

50. Чорба од репе и млађенице 112

51. Цвекла кари 114

52. Крем супа од цвекле 116

53. Супа од спанаћа и цвекле 119

54. Супа од црвеног сомота 122

САЛАДС 124

55. Цвекла са гремолатом од поморанџе 125
56. Цвекла са зеленилом и исецканим кајсијама 127
57. Салата од цвекле од коморача 130
58. Салата од лешника од цвекле 132
59. Салата од цвекле и парадајза 134
60. Мешана зелена салата са цвеклом 136
61. Салата од дугине репе и пистација 139
62. Пинк Ред сомот Салата 141
63. Салата од жуте репе са крушкама 144
64. Салата од цвекле и тофуа 147
65. Салата од грејпфрута, цвекле и плавог сира 149
66. Црвени сомот Кромпир салата 151
67. Салата од цвекле са козјим сиром и орасима 153

СИДЕС 157

68. Печено коренасто поврће 158
69. Цвекла у Гранд Марниеру 160
70. Цвекла у павлаци 162
71. Црвени сомот Цвекла брусница 164
72. Црвени сомот Медена цвекла 166
73. Печени клинови цвекле 168

ДЕСЕРТ 170

74. Ред Велвет Цупцакес 171
75. Црвени сомот Ледена торта 173
76. Црвена сомотна торта 175
77. Црвени сомот сладолед 178
78. Ред Велвет чоколадни колачићи 180
79. Ред Велвет Ице Цреам Ваффле 183

80. Ред Велвет Мини Цхеесецакес 186

81. Црвени сомот мафини са крем сиром 189

82. Црвени сомот колач од малине 192

83. Суфле од црвеног сомота 194

84. Ред Велвет Цхеесецаке Моуссе 197

85. Ред Велвет-Берри Цобблер 200

86. Воћна торта од црвеног сомота 203

87. Ред Велвет бисквит 206

88. Црвени сомот макарони 208

89. Ред Велвет Ице Бок Пие 211

90. Црвени сомот Колач од цвекле 213

91. Гратин од цвекле 215

92. Зелени суфле од цвекле 217

93. Црвени сомот Пена од цвекле 219

94. Хлеб од цвекле 221

КОКТЕЛИ И СМУТИЈИ 223

95. Ред Велвет Цаке Мартини 224

96. Моктел мојито од црвеног сомота 226

97. Црвени сомот чоколадни коктел 228

98. Ред Велвет Схортцаке Цоцктаил 230

99. Ред Велвет Смоотхие 232

100. Смоотхие од банане од црвеног сомота 234

ЗАКЉУЧАК 236

УВОД

Црвени сомот је традиционални укус колача који је црвене, црвено-браон или гримизне боје и садржи млаћеницу и чоколаду. Обично је упарен са глазуром од крем сира.

Већина људи тражи црвени сомот око Дана заљубљених, надајући се да ће направити нешто слатко и романтично. Али ови рецепти су одлични током целе године! Кључ за добијање правог профила укуса је употреба незаслађеног какаоа и млаћенице. А када додајете боју за храну, врста гела најбоље функционише. Много је концентрисанији и нећете морати да га много користите.

Црвена је боја уживања и луксуза, а боја у комбинацији са именом црвени сомот поставља субјективно очекивање. Боја је толико важна у храни, а она ће свакако привући свачију пажњу!

ДОРУЧАК

1. <u>Палачинке од црвеног сомотаса преливом од кефира</u>

Израђује: 4 порције

САСТОЈЦИ:
ТОППИНГ
- ½ шоље обичног кефира
- 2 кашике шећера у праху

ПАЛАЧИНКЕ
- 1¾ шоље старомодног ваљаног зоби
- 3 кашике какао праха
- 1½ кашичице прашка за пециво
- 1 кашичица соде бикарбоне
- ¼ кашичице соли
- 3 кашике јаворовог сирупа
- 2 кашике кокосовог уља, растопљеног
- 1½ шоље 2% млека са ниским садржајем масти
- 1 велико јаје
- 1 кашичица црвене боје за храну
- Чоколадне струготине или чипс, за сервирање

УПУТСТВО:

a) За прелив додајте оба састојка у малу чинију и мешајте док се не сједине. Оставите на страну.
b) За палачинке, додајте све предмете у блендер велике брзине и мућкајте на високој температури да се течност. Уверите се да је све добро измешано.
c) Оставите тесто да одстоји 5 до 10 минута. Ово омогућава да се сви састојци сједине и даје тесту бољу конзистенцију.
d) Попрскајте нелепљиви тигањ или решетку обилно биљним уљем и загрејте на средњој ватри.
e) Када се тигањ загреје, додајте тесто помоћу ¼ шоље за мерење и сипајте тесто у тигањ да направите палачинку. Користите мерну чашу да бисте лакше обликовали палачинку.
f) Кувајте док се странице не стврдну и у средини се не формирају мехурићи, 3 минута, а затим окрените палачинку.
g) Када је палачинка печена на тој страни, склоните палачинку са ватре и ставите је на тањир.
h) Наставите са овим корацима са остатком теста.
i) Сложите и послужите са преливом и чоколадним комадићима.

2. Ред Велвет Смоотхие Бовлс

Произвођачи: 2

САСТОЈЦИ:
- 1 печена цвекла охлађена
- 1 шоља смрзнутих трешања
- 1 банана исецкана и замрзнута
- ¼ шоље млека
- 3 кашике какао праха
- 1 кашика меда
- Идеје за прелив: воће/цвекла у облику срца, банана, семенке, ораси, кокос

УПУТСТВО:
a) Комбинујте све састојке у блендеру док не постане глатка, додајући још млека и меда по потреби да постигнете конзистенцију и слаткоћу по вашем укусу.
b) На врх ставите своје омиљене орашасте плодове/семенке, банану и какао.

3. Црвени сомот палачинке са пуњењем од крем сира

Прави: 10-12 палачинки

САСТОЈЦИ:
- 2 јаја
- 1 шоља млека
- ½ шоље воде
- ½ кашичице соли
- 3 кашике путера, растопљеног
- 1 кашичица шећера
- 1 кашичица екстракта ваниле
- 1 шоља брашна
- 1½ кашике какао праха
- 5 капи црвене боје за храну, опционо
- Пуњење од крем сира

УПУТСТВО:
a) Помешајте јаја, млеко, воду, со, шећер, ванилију и 3 кашике отопљеног путера у блендеру и мутите док не постане пенасто, око 30 секунди.
b) Додајте брашно и какао прах и мешајте док не постане глатко.
c) Додајте боју за храну у овом тренутку, ако користите. Мораћете да направите тесто мало светлије него што желите да буде ваш коначни производ.
d) Оставите тесто у фрижидеру 30 минута или преко ноћи.
e) Када сте спремни да припремите палачинке, загрејте 1 кашику путера у тигању за палачинке или другом плитком тигању. Уверите се да је путер обложио целу површину тигања пре него што додате ¼ шоље теста за палачинке и промешајте да покријете површину тигања.
f) Кувајте палачинке један минут, пажљиво окрените, а затим пеците другу страну пола минута.
g) Украсите чоколадним сосом и остатком фила од крем сира.

4. [Црвени сомот ролнице са циметом](#)

Израђује: 24 ролне

САСТОЈЦИ:
ЗА КОЛИЦЕ С ЦИМЕТОМ
- 4½ кашичице сувог квасца
- 2-½ шоље топле воде
- Кутија мешавине за колаче Ред Велвет од 15,25 унци
- 1 кашичица екстракта ваниле
- 1 кашичица соли
- 5 шоља вишенаменског брашна

ЗА СМЕШАВУ ШЕЋЕРА ЦИМЕТ
- 2 шоље упакованог смеђег шећера
- 4 кашике млевеног цимета
- ⅔ шоље путера омекшаног

ЗА ГЛАЗУ ОД КРЕМ СИРА
- 16 унци крем сира, омекшаног
- ½ шоље путера омекшаног
- 2 шоље шећера у праху
- 1 кашичица екстракта ваниле

УПУТСТВО:
a) У великој посуди за мешање помешајте квасац и воду док се не растворе.
b) Додајте мешавину за торту, ванилију, со и брашно. Добро промешајте - тесто ће бити мало лепљиво.
c) Чврсто покријте посуду пластичном фолијом. Пустите да се тесто диже један сат. Избушите тесто и оставите да се поново диже још 45 минута.
d) На лагано побрашњеној површини разваљајте тесто у велики правоугаоник дебљине око ¼ инча. Равномерно распоредите путер по целом тесту.
e) У средњој посуди помешајте смеђи шећер и цимет. Поспите мешавину смеђег шећера преко путера.
f) Умотајте као желе, почевши од дугачке ивице. Исеците на 24 једнака дела.
g) Подмажите два плеха за печење величине 9к13 инча. Ређајте кришке ролат од цимета у тепсије. Покријте и оставите на топлом месту док се не удвостручи.
h) Загрејте рерну на 350 ° Ф.
i) Пеците 15-20 минута или док се не скува.
j) Док се ролнице са циметом пеку, припремите глазуру од крем сира тако што ћете крем сир и путер умутити у посуди средње величине док не постану кремасти. Умешајте ванилију. Постепено додајте шећер у праху.

5. Црвени сомот печени крофни

Прави: 14-16 крофни

САСТОЈЦИ:
- 2 ¼ шоље брашна
- 1 кашика прашка за пециво
- ½ кашичице соли
- ⅔ шоље шећера
- 1 јаје
- 2 кашике биљног уља
- 2 кашике какао праха
- 1 кашичица ваниле
- ½ шоље млека са ниским садржајем масти
- Црвена мекана гел паста
- Глазе

УПУТСТВО:
a) Загрејте рерну на 350 степени.
b) Попрскајте посуду за крофне спрејом за кување и оставите на страну.
c) У средњој посуди помешајте брашно, прашак за пециво и со.
d) Добро промешајте и оставите на страну.
e) У великој посуди помешајте шећер, јаје и биљно уље.
f) Додајте какао прах и ванилију и добро промешајте.
g) Полако мешајте млеко док се добро не сједини.
h) Додајте суве састојке, око пола шоље одједном, добро промешајте након сваког додавања.
i) Додајте неколико капи црвене прехрамбене боје и мешајте док тесто не добије жељену боју.
j) Ставите тесто у кесу са патентним затварачем и затворите.
k) Одрежите крај и цев у посуду за крофне, напуните сваку шољу за крофне ⅔ пуне.
l) Пеците 12-15 минута, пазећи да крофне не порумене.
m) Умочите врхове крофни у глазуру и поспите срцима или посипом.

6. Палачинка од црвеног сомота

Израђује: 4 порције

САСТОЈЦИ:
ЗА ПАЛАЧИНКУ:
- 4 велика јаја
- 1 шоља млека
- ¾ шоље + 2 кашике вишенаменског брашна
- 2 кашике какао праха
- ¼ шоље гранулираног шећера
- ¼ кашичице кошер соли
- 1 кашичица екстракта ваниле
- 2 кашике несланог путера
- ½ кашичице црвене гел боје за храну
- Спреј за кување
- Глазе

УПУТСТВО:
a) Загрејте рерну на 400 степени Ф
b) Ставите јаја, млеко, брашно, какао прах, шећер, со и ванилију у блендер; мешати док се темељно не сједини. Додајте боју за храну и мешајте 30 секунди.
c) Загрејте тигањ од ливеног гвожђа од 10 инча или нелепљиву тигањ на средње јакој ватри. Додајте путер и истопите. Сипајте тесто у тигањ. Ставите плех у рерну и пеците док не порументи, напухне и кува око 20-25 минута.
d) Док је палачинка у рерни, направите глазуру од крем сира. Крем сир и путер умутите миксером док се добро не сједине, 1-3 минута. Додајте млеко и умутите да се сједини. Полако додајте шећер у праху и мешајте док се не формира глазура. Можете додати још млека кашичицу по кашичицу ако је потребно да глазура добије конзистенцију.
e) Палачинку исеците на коцкице и послужите преливену глазуром од крем сира и воћем.

7. [Ред Велвет Цхееси Ваффле](#)

Прави: 3 вафла

САСТОЈЦИ:
- 1 јаје
- 1 унца крем сира
- 2 кашике кокосовог брашна
- 1 кашика млаћенице
- 2 кашичице заслађивача без шећера
- ½ кашичице прашка за пециво
- ½ кашичице какао праха
- црвена боја за храну

УПУТСТВО:
a) Загрејте апарат за вафле.
b) Умутити све састојке. Додајте неколико капи црвене боје за храну да бисте постигли жељену нијансу ружичасте или црвене.
c) Сипајте око ⅓ теста од црвеног сомота у апарат за вафле ако користите мини апарат за вафле.
d) Затворите апарат за вафле и оставите да се кува 3-5 минута или док вафла не порумени и не стегне.
e) Извадите плеву из апарата за вафле и послужите.

8. Црвени сомот француски тост

Марке: 4

САСТОЈЦИ
- 8 кришки бриоша
- 3 велика јаја
- 1 шоља пола и пола креме 10% МФ
- 2 кашике гранулираног шећера
- 1 кашика екстракта ваниле
- 2 кашике какао праха
- 2-3 кашике црвене боје за храну
- ¼ кашичице соли
- 2-3 кашике путера или уља, за пржење
- Глазура од крем сира

УПУТСТВА
a) Загрејте рерну на 250Ф. Ставите кришке бриоша на плех и пеците 15-20 минута, или док се мало не осуше. Потпуно охладите кришке. Умутите јаја, павлаку, шећер, ванилију, какао прах, боју за храну и со.
b) Сипајте мешавину јаја преко кришки.
c) Окрените кришке сваких неколико минута и кашиком прелијте мешавином док се скоро све не упије. Око 10 минута.
d) Загрејте тигањ на средњој ватри. Додајте путер, а затим ставите кришке у тигањ. Кувајте 2-3 минута по страни, или док не порумени.

9. Ред Велвет Хот Цхоцолате

Марке: 6

САСТОЈЦИ:
- 14 унци заслађеног кондензованог млека
- 1 шоља густе павлаке
- 6 шоља пуномасног млека
- 1 шоља полуслатких чоколадних чипса
- 1 кашика екстракта ваниле
- 1 кашика крем сира
- 4 капи црвеног гела за храну

УПУТСТВО:
a) Додајте заслађено кондензовано млеко, комадиће чоколаде, павлаку, млеко и екстракт ваниле у спори шпорет и кувајте на лаганој ватри 3 сата, мешајући сваки сат. Чоколада и млеко у спори шпорет

b) Када се чоколада отопи, умешајте крем сир и црвену прехрамбену боју.

c) По жељи наставите са кувањем или смањите ватру да се загреје и послужите. Чоколада у спори шпорет

d) Ако је смеша превише густа за ваше жеље, можете је разблажити са додатним млеком или водом. Црвена сомот врућа чоколада у прозирној шољи

10. Црвени сомот банана хлеб

Прави: 2 хлеба

САСТОЈЦИ:
- 1 кутија мешавине за колаче Ред Велвет
- 3 велика јаја
- ⅓ шоље уља
- 1½ шоље згњечених банана, око 3 или 4 банане
- 1 шоља сецканих пекана

УПУТСТВО:
a) Загрејте рерну на 350ºФ. Подмажите и побрашните два калупа за хлеб.
b) Мешајте суву мешавину за колаче, јаја, уље, пасиране банане и сецкане пекане док се добро не сједине. Сипајте тесто у припремљене тепсије.
c) Пеците 30 до 35 минута или док чачкалица уметнута у центар не изађе чиста.
d) Извадите из рерне на решетку за хлађење 10 минута пре него што извадите из тепсије.
e) Потпуно охладите на решетки. По жељи посути шећером у праху.

11. Ред Велвет Моцхи вафла

Прави: 8 порција

САСТОЈЦИ:
ЗА МОЧИ ВАФЛЕ ЦРВЕНИ СОШУН
- 1 ½ шоље млека
- 2 јаја
- 2 кашике црвене боје за храну
- 1 кашичица екстракта ваниле
- ½ кашичице дестилованог белог сирћета
- 2 ½ шоље мочико брашна
- ½ шоље гранулираног шећера
- 1 кашика прашка за пециво
- 1 кашика какао праха
- ½ кашичице соли

УПУТСТВО:
a) Претходно загрејте пеглу за вафле.
b) У средњу посуду за мешање додајте влажне састојке и умутите док се добро не сједине. Оставите на страну.
c) Затим у велику посуду за мешање додајте суве састојке.
d) Умутити док се добро не сједини.
e) Додајте мокре састојке у суве и мешајте док се не сједине.
f) Попрскајте спреј за кување који се не лепи на површину апарата за вафле. Сипајте тесто у апарат за вафле и пеците док не порумени.

12. [Ред Велвет Хот Пепперминт чоколада](#)

Прави: 5 шољица

САСТОЈЦИ
- 4 шоље пола-пола креме
- 7 унци беле чоколаде за печење, сецкане
- 2 унце млечне чоколаде, сецкане
- ¼ до ½ кашичице црвене боје за храну
- ¼ до ½ кашичице екстракта пеперминта
- Дасх салт
- Слаткиши и марсхмалловс

УПУТСТВО:
a) У великој шерпи загрејте крему на средњој ватри док се око ивица тигања не створе мехурићи.
b) Уклоните са ватре; умутите чоколаду, боју за храну, екстракт и со док не постане глатка. Вратите се у врелину; кувати и мешати док се не загреје.
c) Сипајте у шоље; врх са слаткишима и марсхмалловс.

13. [Овсена каша од црвеног сомота](#)

Марке: 6

САСТОЈЦИ
- 1 ½ шоље ваљаних зоби
- 1 шоља млаћенице
- 2 ½ шоље млека
- 2 кашике шећера
- 1 ½ кашике какао праха
- ¼ кашичице соли
- 2 до 3 капи црвене боје за храну
- 1 кашичица екстракта ваниле

ТОППИНГС
- Нар арилс
- Чоколадни комадићи
- Воће по избору
- ораси

УПУТСТВА
a) Додајте млеко, шећер, со, екстракт ваниле и какао прах у шерпу
b) Мешајте и укључите ватру на средњу.
c) Додајте зоб у мешавину млеко-какао.
d) Додајте боју за храну и кувајте на средњој температури док потпуно не скувате.
e) Потребно је око 6 минута да се потпуно скува. Непрекидно мешајте да спречите горење.
f) Послужите са још млека и преливом по избору.

14. Ред Велветмлеко од малине и бадема

Произвођачи: 3

САСТОЈЦИ:
- 1 шоља смрзнутих малина
- ¼ шоље колагенских пептида
- ¼ шоље МЦТ уља
- 2 кашике чиа семена
- 1 кашичица цвекле у праху
- 1 кашичица органског екстракта ваниле
- 4 капи течне стевије
- 1 ½ шоље бадемовог млека, незаслађеног

УПУТСТВА:
a) У блендеру велике снаге помешајте све састојке и блендајте док не постане глатка.
b) Сипајте у 3 чиније за сервирање и послужите са омиљеним украсом.

15. Укисељена јаја од црвеног сомота

Марке: 6

САСТОЈЦИ:
- 6 јаја
- 1 шоља белог сирћета
- Сок од 1 конзерве цвекле
- ¼ шоље шећера
- ½ кашике соли
- 2 чена белог лука
- 1 кашика целог бибера у зрну
- 1 ловоров лист

УПУТСТВА:
a) Загрејте водено купатило на 170 ℉
b) Ставите јаја у врећу. Затворите кесу и ставите је у каду. Кувајте 1 сат.
c) После 1 сата ставите јаја у посуду са хладном водом да се охладе и пажљиво огулите. У кеси у којој сте кували јаја помешајте сирће, сок од цвекле, шећер, со, бели лук и ловоров лист.
d) Замените јаја у кеси течношћу за кисељење. Замените у воденом купатилу и кувајте још 1 сат.
e) После 1 сата, јаја са течношћу за кисељење пребаците у фрижидер.
f) Оставите да се потпуно охлади пре јела.

16. [Црвени сомот латкес](#)

Прави: 1 порција

САСТОЈЦИ:
- 1 шоља ситно сецкане свеже цвекле
- 2 кашике кукурузног шкроба
- 4 умућена жуманца
- ½ кашичице шећера
- 3 кашике густе павлаке или неразређеног испареног млека
- ½ кашичице млевеног мушкатног орашчића
- 1 кашичица соли

УПУТСТВА:
a) Комбинујте све састојке у посуди за мешање.
b) Добро промешајте и пеците на начин за палачинке на загрејаној решетки намазаном путером или тешком тигању.
c) Послужите уз воћну мармеладу или конзерве.

17. [Хаш од црвеног сомота](#)

Марке: 4

САСТОЈЦИ:
- 1 фунта цвекле, ољуштене и исечене на коцкице
- ½ фунте Иукон Голд кромпира, орибаног и исеченог на коцкице
- Крупна со и свеже млевени црни бибер
- 2 кашике екстра девичанског маслиновог уља
- 1 мали лук, исечен на коцкице
- 2 кашике сецканог свежег першуна
- 4 велика јаја

УПУТСТВО:
a) У тигању са високим страницама прелијте цвеклу и кромпир водом и прокувајте. Зачините сољу и кувајте док не омекша, око 7 минута. Оцедите и обришите тигањ.

b) Загрејте уље у тигању на средње јакој ватри. Додајте кувану цвеклу и кромпир и кувајте док кромпир не попримо златну боју око 4 минута. Смањите топлоту на средњу, додајте лук и кувајте, мешајући, док не омекша, око 4 минута. Подесите зачине и умешајте першун.

c) Направите четири широка бунара у хашу. У свако разбијте по једно јаје и зачините јаје сољу. Кувајте док се беланце не стегне, али жуманца још увек буду текућа 5 до 6 минута.

18. Пизза за доручак од црвеног сомота

Марке: 6

САСТОЈЦИ:
ЗА КОРУ ПИЦЕ:
- 1 шоља куване и пасиране цвекле
- ¾ шоље бадемовог оброка
- ⅓ шоље брашна од смеђег пиринча
- ½ кашичице соли
- 2 кашичице прашка за пециво
- 1 кашика кокосовог уља
- 2 кашичице исецканог рузмарина
- 1 јаје

ПРЕЛИВИ:
- 3 јаја
- 2 кришке куване сланине измрвљене
- авокадо
- сира

УПУТСТВА
a) Загрејте рерну на 375 степени
b) Помешајте све састојке за кору за пицу
c) Пеците 5 минута
d) Извадите и направите 3 мала "бунарића" користећи полеђину кашике или калуп за сладолед
e) Баци 3 јаја у ове "бунаре"
f) Пеците 20 минута
g) Прелијте сиром и сланином и пеците још 5 минута
h) Додајте још рузмарина, сира и авокада.

ПРЕЈЕЛА И ГРИЗАЛИЦЕ

19. Ред Велвет Бомбс

Марке: 10

САСТОЈЦИ:
- 100 грама тамне чоколаде, 90%
- 1 кашичица екстракта ваниле, без шећера
- ⅓ шоље крем сира, омекшаног
- 3 кашике стевије
- 4 капи црвене боје за храну
- ⅓ шоља канабис тешка крема, шлаг

УПУТСТВО:
a) Пеците чоколаду у микроталасној у интервалима од десет секунди у посуди за микроталасну пећницу.
b) Осим шлага, све остале састојке помешајте у великој чинији.
c) Уверите се да је савршено глатко мешањем ручним миксером.
d) Додајте отопљену чоколаду и наставите да миксате још два минута.
e) Напуните кесу смешом до пола, ставите је на припремљени плех и ставите у фрижидер на четрдесет минута.
f) Пре сервирања, на врх додајте кашичицу шлага.

20. Ред Велвет бундеве барови

Израђује: 4 порције

САСТОЈЦИ:
- Мала кувана цвекла, 2
- Кокосово брашно, ¼ шоље
- Органски путер од семена бундеве, 1 кашика
- Кокосово млеко, ¼ шоље
- Ванила сурутка, ½ шоље
- 85% црне чоколаде, растопљене

УПУТСТВО:
a) Помешајте све суве састојке осим чоколаде.
b) Премешајте млеко преко сувих састојака и добро спојите.
c) Обликујте шипке средње величине.
d) Отопите чоколаду у микроталасној пећници и оставите да се охлади неколико секунди.
e) Сада умочите сваку плочицу у отопљену чоколаду и добро премажите.
f) Ставите у фрижидер док се чоколада не стегне и стегне.
g) Уживати.

21. Ред Велвет Фудге Протеин Барс

Израђује: 4 порције

САСТОЈЦИ:
- Пире од печене цвекле, 1 шоља
- Пасте од ваниле, 1 кашичица
- Незаслађено сојино млеко, ½ шоље
- Маслац од ораха, ½ шоље
- Ружичаста хималајска со, ⅛ кашичице
- Екстракт, 2 кашичице
- Сирова стевија, ¾ шоље
- Овсено брашно, ½ шоље
- Протеински прах, 1 шоља

УПУТСТВО:
a) Растопите путер у шерпи и додајте овсено брашно, протеински прах, пире од цвекле, ванилију, екстракт, со и стевију. Мешајте док се не сједини.
b) Сада додајте сојино млеко и мешајте док се добро не сједини.
c) Пребаците смешу у тепсију и оставите у фрижидеру 25 минута.
d) Када се смеса стегне, исеците је на 6 шипки и уживајте.

22. Ред Велвет Пуппи Цхов

Марке: 22

САСТОЈЦИ:
- 15,25 унци мешавине за колаче од црвеног сомота
- 1 шоља шећера у праху
- 12 унци беле чоколаде
- 8 унци полуслатке чоколаде
- 2 кашике густе павлаке, собне температуре
- 12 унци Цхек житарица
- 10 унци M&M'с
- ⅛ Прскалице у боји шоље

УПУТСТВО:
a) Загрејте рерну на 350 ° Ф.
b) Распоредите смесу за торту од црвеног сомота преко плеха обложеног папиром за печење.
c) Пеците у рерни 5-8 минута. Извадите из рерне и оставите да се охлади.
d) Додајте мешавину за торте и шећер у праху у врећицу која се може поново затворити и протресите да се добро измеша. Ставите на једну страну.
e) У чинији изломите чоколаду, а затим загрејте у микроталасној пећници у корацима од 30 секунди, мешајући између, док се чоколада потпуно не отопи.
f) Умутите крему.
g) Додајте Цхек житарице у другу велику посуду за мешање и сипајте чоколаду преко врха.
h) Пажљиво промешајте житарице заједно са чоколадом док се не уједначе, а затим, радећи у серијама, додајте житарице преливене чоколадом у кесицу са мешавином за торте и шећером и протресите док се потпуно не обложи.
i) Уклоните комаде житарица на плех обложен папиром за печење.
j) Поновите са преосталим житарицама, а затим оставите да се комади осуше око сат времена.
k) Помешајте са M&M и посипањем и ставите у чинију да послужите.

23. Ред Велвет Парти Мик

Израђује: 12 порција

САСТОЈЦИ:
- 6 шољица чоколадних житарица
- ½ шоље упакованог смеђег шећера
- ⅓ шоље путера
- 3 кашике кукурузног сирупа
- 1 кап црвене гел боје за храну
- 1 шоља мешавине за колаче
- ½ шоље кремастог крем сира

УПУТСТВО:
a) У велику посуду за микроталасну пећницу ставите житарице; издвојити.
b) У средњој посуди за микроталасну пећницу, смеђи шећер у микроталасној пећници, путер, кукурузни сируп, боју за храну и мешавину за колаче откривене на високој температури.
c) Одмах прелијте житарице; бацити док се добро не обложи.
d) Ширите на воштани папир. Охладите 5 минута.
e) У малу посуду за микроталасну пећницу ставите глазуру; микроталасна откривена на високој температури 20 секунди.
f) Прелијте мешавином житарица. Чувати лабаво покривено.

24. Ред Велвет Цаке Баллс

Чини: 4 туцета

САСТОЈЦИ:
- Паковање од 15,25 унци мешавине за колаче од црвеног сомота
- 1 шоља пуномасног млека
- ⅓ шоље сланог путера, растопљеног
- 3 кашичице екстракта ваниле, подељено
- Скраћивање поврћа, за тигањ
- Вишенаменско брашно, за тигањ
- Паковање од 8 унци. крем сир омекшан
- ½ шоље сланог путера, омекшаног
- 4 шоље шећера у праху
- 30 унци белих облата које се топе
- Црвено-беле прскалице и брушење шећера

УПУТСТВО:
a) Загрејте рерну на 350 ° Ф. Умутите мешавину за колаче, млеко, отопљени путер и 1 кашичицу ваниле у чинији снажног миксера са лопатицом на малој брзини док се добро не сједини, око 1 минут. Повећајте брзину на средњу и туците 2 минута. Сипајте тесто у подмазан и брашном посут плех за печење величине 13 к 9 инча.

b) Пеците у загрејаној рерни док дрвени крак уметнут у средину не изађе чист, 24 до 28 минута. Охладите у тигању на решетки 15 минута. Окрените торту на решетку и оставите да се потпуно охлади око 2 сата.

c) У међувремену, умутите крем сир и омекшали путер на средњој брзини док не постане кремасто. Смањите брзину на малу и постепено додајте шећер у праху и преостале 2 кашичице ваниле, мутите док се не сједини. Повећајте брзину на средње-високу и туците док не постане мекана, 1 до 2 минута.

d) Охлађену торту измрвити у велику чинију. Умешајте 2 шоље креме од сира.

e) Разваљајте смесу за торте у 48 лоптица, пречника око 1 инч. Ставите куглице на лим за печење и прекријте их пластичном фолијом. Охладите 8 сати или преко ноћи.

f) Истопите 1 паковање облатни за топљење у микроталасној посуди средње величине у микроталасној пећници према упутствима за паковање.

g) Користећи виљушку и радећи са 1 лоптом за торту одједном, уроните лоптицу у отопљене облатне, омогућавајући да вишак капне назад у чинију. Лоптицу ставите на плех обложен папиром за печење и одмах поспите жељеном количином посипа или шећера за брушење.

h) Поновите са преосталих 15 лоптица за торту и отопљених облата у чинији, чистећи виљушку између сваког умака.

i) Посуду обришите, па поновите још 2 пута са преосталим охлађеним куглицама за торту и 2 паковања отопљених обланда и жељеном количином прскања. Охладите док не будете спремни за послуживање.

25. Ред Велвет ситни пехари

Израђује: 4 порције

САСТОЈЦИ
- Спреј за печење
- Паковање од 15,25 унци Ред Велвет мешавине за торте
- 1 шоља млаћенице или воде са ниским садржајем масти
- 3 јаја
- ½ шоље биљног уља
- 7 унци мешавине инстант пудинга од ваниле или колача од сира
- 4 шоље пуномасног млека
- Умућен прелив и струготине од чоколаде, за сервирање

УПУТСТВО:
a) Загрејте рерну на 350 ° Ф.
b) Спреј за печење попрскајте калуп за желе.
c) Миксајте мешавину за колаче, млаћеницу или воду, јаја и уље у великој посуди електричним миксером на малој брзини док се не навлажи, око 30 секунди.
d) Мутите на средњој брзини 2 минута. Сипајте у тепсију.
e) Пеците 15 до 18 минута, док чачкалица уметнута у центар не изађе чиста.
f) Охладите торту у плеху на решетки док се потпуно не охлади.
g) Користите назубљени нож да испечете торту на 120 малих квадрата.
h) Припремите пудинг према упутству на паковању.
i) Ставите 10 коцкица колача у чашу за сервирање и равномерно премажите пудингом.
j) Сваку малу шољу прелијте умућеним преливом и чоколадним струготинама.

26. [Ред Велвет Цхеесе Балл](#)

Израђује: 16 порција

САСТОЈЦИ
- 8 унци крем сира, собне температуре
- ½ шоље несланог путера, собне температуре
- Кутија од 15,25 унци мешавина за колаче црвеног сомота, сува
- ½ шоље шећера у праху
- 2 кашике смеђег шећера
- ½ шоље мини чоколадних чипса
- колачићи од ваниле/грахам крекери, за сервирање

УПУТСТВО:
a) У посуди самостојећег миксера са наставком за лопатице умутите крем сир и путер док не постане глатко.
b) Додајте мешавину за торте, шећер у праху и смеђи шећер. Мешајте док се добро не сједини.
c) Остружите смешу на велики комад пластичне фолије. Користите омот да обликујте смешу у лопту. Оставите у фрижидеру у пластичној фолији док не буде довољно чврсто за руковање, око 30 минута.
d) Ставите комадиће чоколаде на тањир. Одмотајте куглицу сира и уваљајте је у комадиће чоколаде.
e) Послужите уз колачиће од ваниле, грахам крекере итд.

27. Ред Велвет Цхеесецаке Бровние Битес

Прави: 30 залогаја колачића

САСТОЈЦИ:
ЗА СМЕЂЕ:
- 8 кашика несланог путера, растопљеног
- 1 шоља шећера
- ¼ шоље незаслађеног какао праха
- ½ кашичице екстракта ваниле
- 1 кашика црвене боје за храну
- ⅛ кашичице соли
- ½ кашичице белог сирћета
- 2 велика јаја, лагано умућена
- ¾ шоље вишенаменског брашна

ЗА ПУЊЕЊЕ ЧИЗКОЛАКА:
- Паковање од 8 унци крем сира омекшаног
- 3 кашике шећера
- ½ кашичице екстракта ваниле
- 1 велико жуманце

УПУТСТВО:
НАПРАВИТЕ БРАУН ТИСТО:
a) Загрејте рерну на 350ºФ. Подмажите плех за мини мафине спрејом за кување.
b) У великој посуди помешајте растопљени путер, шећер, какао прах, екстракт ваниле, боју за храну и со док се не сједине, а затим умешајте бело сирће.
c) Додајте јаја и мешајте док се не сједине. Умешајте брашно само док се не сједини. Оставите смесу за колаче са стране.
НАПРАВИТЕ ФИЛ ЗА ЧИЗКОЛАК:
d) У посуди самостојећег миксера са наставком за лопатице умутите крем сир са шећером, екстрактом ваниле и жуманцетом док се не сједини. Пребаците мешавину за торту од сира у врећу или пластичну врећу која се може затворити и одсеците врх.
e) Користећи малу кашику сладоледа, око 1 кашика теста за колаче у сваки бунар у посуди за мини мафине. Ставите око 1 кашичицу мешавине за колаче од сира на тесто за колаче, а затим на мешавину за чизкејк додајте још 1 кашичицу теста за колаче. Користећи чачкалицу, промешајте смесу за колаче и колач од сира.
f) Пеците колаче од колача око 12 минута или док се смеса за колач од сира не испече. Извадите залогаје колачића из рерне и оставите да се охладе у плеху око 5 минута пре него што их извадите.

28. Ред Велвет кокице

Прави: 8 порција

САСТОЈЦИ
- 16 шољица испуцаних кокица
- 3 шоље црвених баршунастих мрвица за торту
- 20 унци беле чоколаде или белих слаткиша који се топи

УПУТСТВА
a) Убаците кокице помоћу ваздушног кокица у велику чинију.
b) Отопите белу чоколаду према упутствима на паковању. Користим дупли котао за белу чоколаду.
c) Отопљену чоколаду прелијте преко кокица и промешајте да се потпуно прекрију.
d) Сипајте кокице на пулт обложен воштаним папиром и поспите својим црвеним баршунастим мрвицама.
e) Пустите да се потпуно осуши пре јела.

29. Ред Велвет Рице Криспиес

Израђује: 12 порција

САСТОЈЦИ
- 10,5 унци мини марсхмалловс-а
- 3 кашике путера
- ½ кашичице
- ¾ шоље мешавине црвеног сомота
- 6 шољица хрскавих пиринчаних житарица
- ½ кашичице црвене боје за храну по избору

УПУТСТВА
a) У великом лонцу на средње ниској ватри истопите путер и мини марсхмалловс.
b) Када се марсхмалловс потпуно истопи, умешајте мешавину за торту од ваниле и црвеног сомота. Ако сматрате да треба да буде црвеније, додајте боју за храну у овом тренутку.
c) Уклоните са ватре и лагано умешајте пиринчане криспије док не буду равномерно обложене.
d) Када се све сједини равномерно поделити између тацни од пене.
e) Покријте тацне пластичном фолијом и послужите.

30. [Чипс од црвеног сомота](#)

Производи: 1

САСТОЈЦИ:
- 4 средње цвекле, исперите и нарежите танко
- 1 кашичица морске соли
- 2 кашике маслиновог уља
- Хумус, за сервирање

УПУТСТВА:
a)   Загрејте фритезу на 380 ° Ф.
b)   У великој посуди помешајте цвеклу са морском сољу и маслиновим уљем док не буде добро премазана.
c)   Ставите кришке цвекле у фритезу и раширите их у једном слоју.
d)   Пржите 10 минута. Промешајте, па пржите још 10 минута. Поново промешајте, а затим пржите последњих 5 до 10 минута, или док чипс не постигне жељену хрскавост.
e)   Послужите уз омиљени хумус.

31. Копар и бели лук цвекла

Израђује: 2 порције

САСТОЈЦИ:
- 4 цвекле, очишћене, ољуштене и исечене
- 1 чен белог лука, млевен
- 2 кашике сецканог свежег копра
- ¼ кашичице соли
- ¼ кашичице црног бибера
- 3 кашике маслиновог уља

УПУТСТВА:
a) Загрејте фритезу на 380 ° Ф.
b) У великој посуди помешајте све састојке тако да цвекла буде добро премазана уљем.
c) Сипајте мешавину цвекле у корпу за фритезе и пеците 15 минута пре мешања, а затим наставите са печењем још 15 минута.

32. [Салата од црвеног сомота](#)

Израђује: 4 порције

САСТОЈЦИ
- 2 фунте цвекле
- Со
- ½ сваког шпанског лука, исеченог на коцкице
- 4 парадајза, очишћене од коре, са сјеменкама и на коцкице
- 2 кашике сирћета
- 8 кашика маслиновог уља
- Црне маслине
- По 2 чена белог лука, исецкана
- 4 кашике италијанског першуна, сецканог
- 4 кашике цилантра, сецканог
- 4 медијума Кромпир, куван
- Со и бибер
- Љута црвена паприка

УПУТСТВА:
a) Одсеците крајеве цвекле. Добро оперите и кувајте у кључалој сланој води док не омекша. Оцедите и уклоните коре под текућом хладном водом. Коцке.
b) Помешајте састојке за прелив.
c) Помешајте цвеклу у чинији за салату са луком, парадајзом, белим луком цилантром и першуном. Прелијте половином прелива, лагано промешајте и охладите 30 минута. Кромпир нарежите, ставите у плитку чинију и прелијте преосталим преливом. Охлади се.
d) Када будете спремни за састављање, поређајте цвеклу, парадајз и лук у средину плитке чиније и поређајте кромпир у колут око њих. Украсите маслинама.

33. [Чамци од репе](#)

Прави: 6 порција

САСТОЈЦИ:
- 8 малих цвекла
- 10 унци меса ракова, конзервираног или свежег
- 2 кашичице млевеног свежег першуна
- 1 кашичица лимуновог сока

УПУТСТВА:
a) Цвеклу кувајте на пари 20-40 минута или док не омекша. Исперите хладном водом, огулите и оставите да се охлади. У међувремену, помешајте месо ракова, першун и лимунов сок.
b) Када се цвекла охлади, преполовите и издубите центре балером за дињу или кашичицом, правећи удубљење. Напуните мешавином ракова.
c) Послужите као предјело или за ручак уз пржену репу.

34. Попечке од црвеног сомота

Прави: 6 порција

САСТОЈЦИ:
- 2 шоље нарендане сирове цвекле
- ¼ шоље лука, исеченог на коцкице
- ½ шоље хлебних мрвица
- 1 велико јаје, умућено
- ¼ кашичице ђумбира
- Сол и бибер по укусу

УПУТСТВА:
a) Помешајте све састојке. Кашиком ставите порције величине палачинке на врелу, науљену решетку.

b) Кувајте док не порумене, окрећући једном.

c) Послужите преливено путером, павлаком, јогуртом или било којом комбинацијом ових.

ГЛАВНО ЈЕЛО

35. Црвени сомот супа

Произвођачи: 2

САСТОЈЦИ
- ½ шоље цвекле, наразане на коцкице
- ½ шоље шаргарепе, исечене на коцкице
- ½ шоље парадајза, исеченог на коцкице
- ¼ шоље црвеног сочива исцепљеног и очишћеног од коже
- 1 лук
- 4-5 чена белог лука
- 1 кашичица путера / гхее
- 1 кашика бадема
- 1 кашичица црног бибера у праху
- по укусу Сол

УПУТСТВА
a) Загрејте путер/гхее у тигању и пропржите лук и бели лук.
b) Додајте све коцкице поврћа и опрано сочиво и динстајте неко време.
c) Додајте једну шољу воде и кувајте под притиском.
d) Затим га самељите у пире и процедите кроз сито или цедиљку.
e) Додајте још једну шољу воде или више према жељеној дебљини.
f) Посолите и побиберите и кувајте 5-7 минута на лаганој ватри.

36. Салата од црвеног сомота са цвеклом и мозареллом

Прави: 4 порције

САСТОЈЦИ
- ½ црвеног купуса
- ½ сока од лимете
- 3 кашике сока од цвекле
- 3 кашике агавиног сирупа
- 3 кувана цвекла
- 150 гр Моцарела куглице од сира
- 2 кашике власца ситно исецканог
- 2 кашике печених пињола

УПУТСТВА
a) Црвени купус исеците љуштилицом на фине жице.
b) Узмите посуду за мешање и помешајте сок од цвекле са 2 кашике агавиног сирупа и соком од пола лимете.
c) Помешајте ово са исеченим црвеним купусом и оставите да се маринира пола сата.
d) Након тога пустите да се купус оцеди у сито.
e) Од куване црвене цвекле добијају се мале лоптице са паризијеном мерицом.
f) Поспите ове куглице са 1 кашиком агавиног сирупа.
g) Испеците пињоле у тигању док не порумене. Оцеђени црвени купус ставите у посуду.
h) Ставите црвену цвеклу и лоптице од мозарелле. Одозго поделити пињоле и ситно сецкани власац.

37. Пилећи прсти од црвеног сомота

Марке: 12

САСТОЈЦИ:
- 12 пилећих пецива
- 1 ½ шоље брашна
- Прстохват соли
- 1 ½ кашике прашка за пециво
- ¼ шоље шећера у праху
- 2 кашике какао праха
- 1 ⅔ шоље млека
- 1 кашичица екстракта ваниле
- 1 унца црвене боје за храну
- 1 јаје
- 5 великих коцкица леда
- Додатно брашно
- Уље за пржење

УПУТСТВО:
a) Добро умутите мокре састојке.
b) Помешајте суве састојке.
c) Додајте лед у мокре састојке, а затим га сипајте у суве састојке. Мешајте док се не сједини.
d) Поспите пилетину сољу, уваљајте у брашно и умочите у тесто.
e) Пржите на 350 ° Ф 5 минута док пилетина није потпуно кувана, преокрените ако је потребно.
f) Поставите да се охлади. Одмах посолите. Послужите са сенфом од меда, сосом за роштиљ или другим жељеним зачинима.

38. Ред Велвет Бургер

Израђује: 4 порције

САСТОЈЦИ
- 2-3 гранчице тимијана, исецкане
- ½ шоље сока од цвекле
- 1/2 коцке свежег квасца
- 1 јаје, одвојено
- 250 г пшеничног брашна
- 1 кашика шећера
- око 1 кашичица соли
- 40 г меког путера
- 1 чен белог лука
- 1 кашика капара
- 120 грама мајонеза
- бибер из млевења
- 4-8 листова зелене салате, испраних и осушених
- 1 шака клица цвекле, испрати и осушити
- 500 г млевене говедине
- 1 кашика маслиновог уља
- 1 мини краставац, нарезан

УПУТСТВО:

a) Загрејте сок од цвекле, измрвите у квасац и мешајући растворите.

b) Умесите смесу квасца, брашно, шећер, 1/2 кашичице соли, путер, половину листића тимијана и жуманца да добијете глатко тесто, поклопите и оставите да надође на топлом месту 1 сат.

c) Замесити тесто, обликовати у 4 пљескавице и оставити да се диже још 20 минута.

d) Загрејте рерну на 200°Ц.

e) Кифлице премажите беланца, поспите преосталом мајчином душицом и пеците у рерни 15-20 минута.

f) Оставите лепиње да се охладе на решетки.

g) За ајоли ољуштите бели лук и ситно исецкајте са капарима.

h) Помешајте мајонез са белим луком и капарима и зачините сољу и бибером.

i) Млевено месо посолите и побиберите и обликујте у 4 пљескавице, пржите у грил тигању на загрејаном уљу 4-5 минута са сваке стране.

j) Исеците лепиње, исечене површине обе половине премажите ајолом, доње стране прекријте зеленом салатом, пљескавицама, кришкама краставца и клицама цвекле, прекријте горњим половинама и послужите.

39. Црвена баршунаста скуша са цвеклом

Израђује: 4 порције

САСТОЈЦИ
- 2 шпанске скуша (око 2 фунте свака),ољуштене и очишћене, са уклоњеним шкргама
- 2¼ шоље саламуре од коморача
- 1 кашика маслиновог уља
- 1 средњи лук, ситно исецкан
- 2 средње цвекле, печене, куване, гриловане или конзервисане; ситно насецкан
- 1 кисела јабука, огуљена, очишћена од језгре и ситно исецкана
- 1 чен белог лука, млевен
- 1 кашика ситно сецканог свежег листова копра или коморача
- 2 кашике свежег козјег сира
- 1 лимун, исечен на 8 кришки

УПУТСТВА:

a) Исперите рибу и ставите је у врећу са патент затварачем од 1 галона са сланом водом, испустите ваздух и затворите кесу. Оставите у фрижидеру 2 до 6 сати.

b) Загрејте уље у великом тигању на средњој ватри. Додајте лук и динстајте док не омекша, око 3 минута. Додајте цвеклу и јабуку и динстајте док јабука не омекша, око 4 минута. Умешајте бели лук и копар и загрејте, око 1 минут. Охладите смешу на собну температуру и умешајте козји сир.

c) У међувремену упалите роштиљ за директну средњу топлоту, око 375 ¡Ф.

d) Извадите рибу из саламуре и осушите је. Одбаците саламуру. Охлађеном мешавином цвекле и јабуке напуните шупљине рибе и по потреби причврстите канапом.

e) Очистите решетку за роштиљ и премажите је уљем. Пеците рибу на роштиљу док кожа не постане хрскава и док риба не изгледа непрозирно на површини, али је и даље филмска и влажна у средини (130¼Ф на термометру који се тренутно очитава), 5 до 7 минута по страни. Извадите рибу у тањир за сервирање и послужите са кришкама лимете.

40. Рижото од црвеног сомота

Марке: 4

САСТОЈЦИ:
- 50 г путера
- 1 лук, ситно исечен
- 250 г пиринча за рижото
- 150 мл белог вина
- 1 литар темељца од поврћа
- 300 г куване цвекле
- 1 лимун, очишћен од коре и сока
- першун са равним листом мала веза, грубо исецкана
- 125 г меког козјег сира
- шака ораха, тостираних и исецканих

УПУТСТВА:
41. У дубоком тигању истопите путер и пржите лук са зачинима 10 минута док не омекша. Додајте пиринач и мешајте док свако зрно не буде премазано, а затим сипајте вино и пеците 5 минута.
42. Додавати темељац једну кутлачу, уз мешање, додајући још само када се претходна серија упије.
43. У међувремену, узмите ½ цвекле и умутите је у малом блендеру док не постане глатка, а остатак исецкајте.
44. Када је пиринач скуван, промешајте умућену и сецкану цвеклу, лимунову корицу и сок и већину першуна. Поделите између тањира и на врх ставите комадић козјег сира, орахе и преостали першун.

45. Ред ВелветКлизачи

Израђује: 4 порције

САСТОЈЦИ:
ЦВЕКА
- 1 чешањ белог лука, мало згњечен иољуштен
- 2 шаргарепе ољуштене, исечене
- Прстохват соли и бибера
- 1 лук,ољуштен и нарезан на четвртине
- 4 цвекле
- 1 кашика семена кима
- 2 стабљике целера испране, исечене

ОДЕВАЊЕ:
- ½ шоље мајонеза
- ⅓ шоље млаћенице
- ½ шоље сецканог першуна, власца, естрагона или тимијана
- 1 кашика свеже цеђеног лимуновог сока
- 1 кашичица пасте од инћуна
- 1 чен белог лука сецканог
- Со бибер

ПРЕЛИВ:
- Слидер бунс
- 1 танко исечен црвени лук
- Шака мешаног микрозелена

УПУТСТВО:
ДРЕССИНГ
a) Комбинујте млаћеницу, зачинско биље, мајонез, лимунов сок, пасту од инћуна, бели лук, со и бибер.

ЦВЕКА
b) У холандској рерни кувајте цвеклу, целер, шаргарепу, лук, бели лук, семенке кима, со и бибер 55 минута.

c) Огулите цвеклу и исеците је на кришке.

d) Пирјајте кришке цвекле по 3 минута са сваке стране у тигању обложеном спрејом за кување.

ДА ОКУПИ
e) Поређајте лепиње на тањир и прелијте их цвеклом, винегретом, црвеним луком и микро зеленилом.

f) Уживати.

46. Шкампи са амарантом и козјим сиром

Марке: 4

САСТОЈЦИ:
- 2 цвекла спирализована
- 4 оз омекшаног козјег сира
- ½ шоље аругула Мицрогреенс Лагано сецкане
- ½ шоље Амарант Мицрогреенс Лагано сецканог
- 1 фунта шкампи
- 1 шоља сецканих ораха
- ¼ шоље сировог шећера од трске
- 1 кашика путера
- 2 кашике екстра девичанског маслиновог уља

УПУТСТВО:
a) Ставите козји сир да омекша 30 минута пре него што почнете са припремама.

b) Загрејте рерну на 375 степени

c) Загрејте тигањ на умереној ватри.

d) Додајте орахе, шећер и путер у тигањ и често мешајте на умереној ватри.

e) Стално мешајте када шећер почне да се топи.

f) Када су ораси премазани, одмах их пребаците на лист пергамент папира и одвојите орахе како се не би стврднули. Оставите на страну

g) Цвеклу исеците на спирале.

h) Баците спирале маслиновим уљем и морском сољу.

i) Раширите цвеклу на плех и пеците у рерни 20-25 минута.

j) Исперите шкампе и додајте у шерпу.

k) Напуните посуду водом и морском сољу. Довести до кључања.

l) Оцедите воду и ставите је у ледено купатило да престане да кува.

m) Исеците и лагано исецкајте микрозелено руколе. Оставите на страну.

n) Додајте микрозелено у омекшали сир, остављајући по страни неколико прстохвата сваког микрозелена.

o) Помешајте микрозелено и сир.

p) Остругајте мешавину сира у куглу.

q) Плоча репе.

r) На цвеклу додајте кашику сира.

s) Ставите орахе око тањира.

t) Додајте шкампе и поспите преосталим микрозеленом, сољу и млевеним бибером.

47. Печене капице и кељ са сосом од свеже цвекле

Прави: 4 порције

САСТОЈЦИ:
- 1¼ шоље свежег сока од цвекле
- Воћно маслиново уље
- 1 кашичица белог винског сирћета
- Кошер соли; окусити
- Свеже млевени црни бибер; окусити
- 1¼ фунте свеже морске капице
- Неколико капи свежег лимуновог сока
- 1 фунта листова младог кеља; чврсто централно језгро је уклоњено
- Неколико капи шеријевог сирћета
- Свјежи власац; исећи на штапиће
- Ситне коцкице жуте паприке

УПУТСТВА:

a) Ставите сок од цвекле у нереактивну шерпу и кувајте док се не смањи на приближно ½ шоље.

b) Угасите ватру, полако умутите 2 до 3 кашике маслиновог уља у редукцију да се сос згусне. Умутите бело винско сирће, посолите и побиберите по укусу. Оставите на страну и загрејте.

c) Лагано науљите капице и зачините сољу, бибером и неколико капи лимуновог сока.

d) Листове кеља премажите уљем и лагано зачините. Пеците кељ на роштиљу са обе стране док листови мало не поугљени и не буду печени.

e) Пеците капице на роштиљу док се не скувају (средина треба да буде мало непрозирна). У центар топлих тањира атрактивно распоредите кељ и покапајте неколико капи шери сирћета.

f) Ставите капице на врх и кашиком соса од цвекле около. Украсите штапићима власца и жутом бибером и одмах послужите.

СОУП

48. Боршч од репе

Израђује: 2 порције

САСТОЈЦИ:
- 1 конзерва целе цвекле
- 4 шоље воде
- 1 цео лук, ољуштен
- со
- 2 пуне кашике шећера
- ¼-½ кашичице киселе соли

УПУТСТВО:
a) Крчкајте лук у води 10 минута. Додати рендану (исецкану) цвеклу са соком и све остале састојке.

b) Кухајте 5 минута. више.

c) Пробајте и прилагодите зачине.

d) Послужите топло или хладно.

49. Супа од купуса и цвекле

Израђује: 8 порција

САСТОЈЦИ:
- 1 медени купус; исечен или клин
- 3 бели лук; каранфилић млевени
- Репа; хрпа
- 3 шаргарепа; малобројни
- 1 Лг лук
- 2 Целер; стабљике исечене на 3
- 3 фунте кости; месо/кости сржи
- 2 лимуна
- 2 конзерве Парадајз; не оцедити

УПУТСТВА:
a) Ставите месо и кости у лонац од 8 или 12 кт. Ставите у конзерве парадајза, прелијте водом и прокувајте.

b) У међувремену, припремите своје поврће. Нарежите репу и шаргарепу, друге иду у целини. Када темељац проври, скините врх.

c) Ставите цвеклу, шаргарепу, бели лук и друго поврће. Смањите топлоту до кључања и држите поклопац на косо.

d) После отприлике сат времена ставите бели лук и шећер.

50. Супа од репе и млаћенице

Израђује: 6 порција

САСТОЈЦИ:
- 5 Цвекла
- 3 шоље млаћенице
- ¾ шоље сецканог зеленог лука
- ⅔ шоље Лагана павлака
- 2 кашике сецканог свежег копра или коријандера
- 1½ кашичице гранулираног шећера
- 1½ кашичице белог сирћета
- ¼ кашичице соли
- 1 шоља краставаца; (на коцкице неољуштено)
- Свеже гранчице копра или коријандера

УПУТСТВО:
a) У шерпи са кључалом сланом водом поклопите и кувајте цвеклу док не омекша и док јој кора лако не склизне око 25 минута. Оцедити и оставити да се охлади; скините коре и исеците на коцкице од ¼ инча (5 мм). Покријте и ставите у фрижидер док се не охлади.
b) У великој посуди умутите млаћеницу, ½ шоље (125 мЛ) лука, павлаку, копар, шећер, сирће и со. Покријте и ставите у фрижидер док се не охлади или до 6 сати. Пробајте и прилагодите зачине.
c) Сипајте мешавину млаћенице у чиније за сервирање. Убаците цвеклу и краставац.
d) Украсите преосталим зеленим луком и гранчицама копра или коријандера.

51. Цвекла кари

Прави: 4 порције

САСТОЈЦИ:
- 3 кашике Гхее
- 1 прстохват семена кима
- 1 сваки ловоров лист
- 2½ кашике исеченог лука
- ¼ кашичице Цаиенне-а
- ¼ кашичице Гарам масале
- 1 средњи кромпир, исечен на коцкице
- ½ шоље зеленог грашка
- 15 унци цвекле, куване и исечене на коцкице
- ½ кашичице соли

УПУТСТВА:
a) Загрејте гхи и пржите семенке кима, ловоров лист, зачињен лук, кајенску и гарам масалу 1 минут.
b) Додајте кромпир, грашак и цвеклу и лагано кувајте 2 минута. Додајте со и мало воде.
c) Нежно кувајте док кромпир не омекша.
d) Послужите преко пиринча.

52. Крем супа од цвекле

Прави: 6 порција

САСТОЈЦИ:
- 1 фунта цвекле, ољуштене и грубо сецкане (око 3 средње величине)
- 1 велики лук, грубо сецкани
- 1 свежа гранчица мајорана ИЛИ
- 1 кашичица сушеног сецканог свежег тимијана
- 3 кашике несланог путера
- 1 литра пилећег или биљног бујона
- ½ шоље тешке креме
- 2 кашике доброг црвеног винског сирћета
- Со
- Бибер
- ½ шоље густе павлаке, лагано умућене
- Мали крутони
- ¼ шоље сецканог свежег биља, попут копра или мајорана

УПУТСТВА:

a) Цвеклу, лук и мајоран кувајте на путеру у лонцу од 4 литре на средњој ватри док лук не почне лагано да омекшава, око 10 минута. Додати бујон, делимично поклопити шерпу и динстати око 30 минута, док цвекла потпуно не омекша.

b) Проверите их тако што ћете покушати да згњечите једну о ивицу лонца дрвеном кашиком. Кувајте дуже ако је потребно.

c) Пире супу у блендеру или процесору хране. Ако желите да супа има глатку текстуру, процедите је кроз цедиљку средње величине. Додајте кајмак или сирће и вратите супу да проври. Зачините сољу и бибером.

d) Да бисте послужили, сипајте у чиније и украсите шлагом, крутонима и зачинским биљем, или послужите украсе одвојено и пустите да гости сами себи помогну.

53. Супа од спанаћа и цвекле

Израђује: 8 порција

САСТОЈЦИ:
- ½ шоље сланутка
- 2 шоље спанаћа; исецкани
- 1 шоља пасуља
- 1 шоља свеже траве копра -или-
- ¼ шоље осушене траве копра
- 1 шоља сочива
- 4 цвекла; ољуштено и ситно нарезано на коцкице
- 1 велики лук; исечен (до)
- 2 кашике брашна (до)
- 2 супе кости; опционо
- Пржени лук и суви листови нане (за украс)
- Сол и бибер по укусу
- Уље за пржење (до)
- 8 шоља воде

УПУТСТВА:

a) Потопите сланутак и пасуљ 2 сата или преко ноћи. Скувајте сочиво у 1-2 шоље воде док не омекша, али не постане кашасто и оставите по страни.

b) Попржите кости и лук на уљу у великом котлу. Зачините по укусу и додајте воду, сланутак, пасуљ и цвеклу. Кувајте док сланутак не омекша.

c) Уклоните кости и додајте спанаћ, коров копра и сочиво. Повремено мешајте. У међувремену на мало уља побрашнити брашно и додати у супу да се згусне.

d) Ставите супу на малу ватру и често мешајте док не буде готово. Послужите у чинији и украсите прженим луком или сувим листовима менте додати у врело уље.

54. Црвени сомот супа

Израђује: 2 порције

САСТОЈЦИ:
- 1 велика цвекла
- 1 шоља воде
- 2 прстохвата кима у праху
- 2 прстохвата бибера
- 1 прстохват цимета
- 4 прстохвата соли
- Исцедите лимун
- ½ кашике гхее

УПУТСТВО:
a) Цвеклу скувајте па огулите.
b) Помешајте са водом и филтрирајте по жељи.
c) Смесу прокувајте па додајте преостале састојке и послужите.

САЛАДС

55. Цвекла са гремолатом од поморанџе

Израђује: 12 порција

САСТОЈЦИ:
- 3 златне цвекле, обрезане
- 2 кашике сока од лимете
- 1 кашичица коре од поморанџе
- 2 кашике сунцокретовог семена
- 1 кашика млевеног першуна
- 3 кашике козјег сира
- 1 кашика млевене жалфије
- 2 кашике сока од поморанџе
- 1 чен белог лука, млевен

УПУТСТВА:
a)   Загрејте фритезу на 400. Пресавијте чврсту фолију око цвекле и ставите је на послужавник у корпи за фритезу.
b)   Кувајте док не омекша, 50 минута. Огулите, преполовите и исеците репу; ставите у чинију.
c)   Додајте сок од лимете, сок од поморанџе и со.
d)   Поспите першуном, жалфијом, белим луком и корицом поморанџе, а на врх ставите козји сир и језгра сунцокрета.

56. Цвекла са зеленилом и исецканим кајсијама

Прави: 4 порције

САСТОЈЦИ:
- 1 средња гомила цвекле са зеленилом
- 1/3 шоље свежег лимуновог сока
- 2 кашике светло браон шећера
- ½ шоље сувих кајсија
- Сол и свеже млевени црни бибер

УПУТСТВА:
a) Загрејте рерну на 400 ° Ф. Уклоните зеље из цвекле и добро их оперите, а затим их исеците попречно на траке ширине ½ инча. Оставите на страну. Добро изрибајте цвеклу.
b) Цвеклу чврсто умотајте у алуминијумску фолију и пеците док не омекша, око 1 сат.
c) Док се цвекла пече, ставите кајсије у малу посуду отпорну на топлоту и прелијте их кључалом водом да омекшају око 10 минута. Оцедите и исеците на танке коцкице и оставите са стране.
d) Када се цвекла испече, одмотајте је и оставите да се охлади. Када се довољно охлади за руковање, огулите цвеклу и исеците је на кришке дебљине 1/4 инча и оставите по страни.
e) У малој шерпи помешајте лимунов сок, шећер и наерзане кајсије и ставите да проври. Смањите топлоту на ниску и кувајте 5 минута. Оставите на страну.

f) Ставите резервисано зеленило у тигањ са 2 кашике воде. Покријте и доведите до кључања, а затим смањите ватру на средњу и кувајте док зеље не увене и течност испари око 2 минута. Смешу кајсије и лимуна умешајте у зеље и зачините сољу и бибером по укусу. Додајте кришке цвекле и кувајте док се не загреју око 3 минута. Послужите одмах.

57. Салата од цвекле од коморача

Израђује: 2 порције

САСТОЈЦИ:
- 3 шоље сецканог зеленила
- ¼ луковице коморача, танко нарезане
- ½ шоље сецканих куваних цветова броколија
- ½ шоље сецкане цвекле
- 1 до 2 кашике екстра девичанског маслиновог уља
- Сок од ½ лимуна

УПУТСТВО:

a) У великој посуди помешајте зеленило, коморач, броколи и цвеклу.

b) Прелијте маслиновим уљем и лимуновим соком.

58. Салата од лешника од цвекле

Израђује: 2 порције

САСТОЈЦИ:
- 2 шоље беби спанаћа
- ½ авокада, исеченог на коцкице
- 1 шоља цвекле, нарезана на коцкице
- ¼ шоље лешника
- 2 кашике екстра девичанског маслиновог уља
- 1 кашика балзамичног сирћета

УПУТСТВО:

a) Ставите спанаћ, авокадо, цвеклу и лешнике у чинију. Хаљина са уљем и сирћетом.

b) Баците и уживајте.

59. Салата од цвекле и парадајза

Израђује: 2 порције

САСТОЈЦИ:
- ½ шоље свежег парадајза - исецканог
- ½ шоље куване цвекле - исецкане
- 1 кашика биљног уља
- ¼ кашике семена сенфа
- ¼ кашике семена кима
- Пинцх куркума
- 2 прстохвата асафетиде
- 4 листа карија
- Соли по укусу
- Шећер по укусу
- 2 кашике праха од кикирикија
- Свеже исецкани листови коријандера

УПУТСТВО:
a) Загрејте уље пре додавања семена сенфа.
b) Када почну да пуцају, додајте ким, куркуму, листове карија и асафетиду.
c) Помешајте цвеклу и парадајз мешавином зачина, прахом од кикирикија, сољу, шећером и листовима коријандера по укусу.

60. Мешана зелена салата са цвеклом

Прави: 4 порције

САСТОЈЦИ:
a) 2 средње цвекле, врхови обрезани
b) 2 кашике сока од поморанџе обогаћеног калцијумом
c) 1 ½ кашичице меда
d) ⅛ кашичице соли
e) ⅛ кашичице црног бибера
f) ¼ шоље маслиновог уља
g) 2 кашике сирових, ољуштених семенки сунцокрета
h) 1 поморанџа, исечена на сегменте
i) 3 шоље упаковане мешавине зелене салате
j) ¼ шоље фета сира са смањеним садржајем масти, измрвљени

УПУТСТВО:

- У средњем тигању покријте цвеклу водом. Доведите до кључања, а затим смањите на малу ватру.
- Кувајте 20-30 минута, или док виљушка не омекша, покривена. Цвеклу треба оцедити.
- Када се цвекла довољно охлади за руковање, огулите је под текућом водом и исеците на коцкице.
- У међувремену помешајте сок од поморанџе, мед, бели лук, со и бибер у тегли.
- Истрести маслиново уље док прелив не постане гладак. Уклоните из једначине.
- У малом тигању истопите путер на средње ниској ватри.
- У сувом тигању тостирајте семенке сунцокрета 2-3 минута, или док не постану ароматичне.
- Бaците цвеклу, семенке сунцокрета, сегменте наранџе, мешано зеленило и фета сир у велику чинију за сервирање.

61. <u>Салата од дугине репе и пистација</u>

Израђује: 2 порције

САСТОЈЦИ:
- 2 мала грозда репе дуге, обрезане
- Цанола уље за цвеклу

МАСЛИНОВО УЉЕ БОСИЉАК ЛИМУН:
- 2 шоље слабо упакованог босиљка
- мало ¼ шоље маслиновог уља
- ½ сока од лимуна
- прстохват кошер соли
- 1 кашика сецканих пистација
- 1 шоља микро зеленила
- Со од цитрусног биља - опционо

УПУТСТВО:
a) Прелијте цвеклу са 1-2 кашике уља каноле док не буде нежно премазана.
b) Ставите цвеклу на лим за печење, прекријте фолијом и пеците на роштиљу 30-45 минута, или док не омекша и порументи.
c) Уклоните коре са цвекле и баците их.
d) Да бисте направили маслиново уље од босиљка, измиксајте све састојке у блендеру док не постане глатко.
e) Сипајте малу количину маслиновог уља од босиљка на дно два тањира.
f) На сваки тањир распршите мали број микрозелена, половину цвекле, со цитрусног биља и пистације.
g) Ставите преостало микро зеленило на врх сваке плоче.

62. Пинк Ред сомот Салата

Израђује: 2 порције

САСТОЈЦИ
САЛАТА
- 4 целе шаргарепе
- ⅓ средњег црвеног лука, исецканог на коцкице
- 1 велика репа
- 1 ружичасти грејпфрут, исечен
- 1 шака грубо исецканих пистација

ВИНАИГРЕТТЕ
- ½ шоље маслиновог уља
- ¼ шоље пиринчаног винског сирћета
- 1 кашичица сенфа
- 1 кашичица јаворовог сирупа
- 1-2 чена белог лука, млевеног
- со и бибер по укусу

УПУТСТВА:

● Нарежите цвеклу на средње коцкице и ставите у посуду за микроталасну пећницу, поклопите и микро док виљушка не омекша. Мој је трајао 6 ½ минута. Одлучио сам да не гулим своје јер ми не смета кожа, али ради шта хоћеш.

● Користећи апарат за гуљење шаргарепе обријајте дугачке траке са сваке шаргарепе док не дођете до језгра и не можете више да се бријете. Сачувајте језгра за касније жвакање.

● У великој чинији ставите све састојке за салату осим пистација.

● У другу посуду ставите све састојке за дресинг и умутите док се не емулгирају.

● Када будете спремни да послужите салату, прелијте је довољно дресинга да је премажите, а остатак резервишите за сутрашњу салату.

● Поспите пистаћима и спремни сте.

63. [Салата од жуте репе са крушкама](#)

Израђује: 2 порције

САСТОЈЦИ:
- 3 до 4 средње жуте цвекле
- 2 кашике белог балзамико сирћета
- 3 кашике веганског мајонеза, домаћег (погледајте Вегански мајонез) или купљеног у продавници
- 3 кашике веганске павлаке, домаће (погледајте Тофу павлака) или купљене у продавници
- 1 кашика сојиног млека
- 1½ кашике млевеног свежег копра
- 1 кашика млевене љутике
- ½ кашичице соли
- ¼ кашичица свеже млевеног црног бибера
- 2 зреле Босц крушке
- Сок од 1 лимуна
- 1 мала главица зелене салате, исецкана на комаде величине залогаја

УПУТСТВА:

a) Цвеклу кувајте на пари док не омекша, а затим је охладите и огулите. Цвеклу исеците на шибице и ставите у плитку чинију. Додајте сирће и ставите да се премаже. Оставите на страну.

b) У малој посуди помешајте мајонез, павлаку, сојино млеко, копар, шалотку, со и бибер. Оставите на страну.

c) Изрежите крушке и исеците их на коцкице од 1/4 инча. Ставите крушке у средњу посуду, додајте лимунов сок и лагано промешајте да се сједине. Зелену салату поделите на 4 тањира за салату и на врх ставите крушке и цвеклу. Прелијте салату дресингом, поспите пеканима и послужите.

64. Салата од цвекле и тофуа

Израђује: 4 порције

САСТОЈЦИ:
- 3 цвекла; ољуштене ИЛИ 5 ситне цвекле
- 1 мали црвени бермудски лук; исећи на танке колутиће и раздвојити
- 1 фунта чврстог или екстра чврстог тофуа; оцедити и исећи на коцке од ½ инча
- ¼ шоље црвеног винског сирћета
- 2 кашике балзамико сирћета
- ¼ шоље маслиновог уља; или мање по укусу
- ½ кашичице сушеног оригана
- Со и бибер

УПУТСТВА:
a) Кувајте цвеклу док не омекша када се тестира виљушком: великој цвекли може бити потребно 45 минута да преври и кува.

b) Када се довољно охлади за руковање, исеците цвеклу на пола, а затим сваку половину на кришке од ¼ инча. Ставите у посуду. Додајте прелив. Нежно мешајте да се сједини.

c) Окус за зачине. Послужите одмах или охлађено. Баците поново непосредно пре сервирања.

65. Салата од грејпфрута, цвекле и плавог сира

Прави: 1 порција

САСТОЈЦИ:
- ½ грозда поточаре; грубе стабљике одбачене
- 1 грејпфрут
- 1 унца плавог сира; исећи на мале танке кришке
- 2 Ољуштена кувана цвекла, грубо нарендана
- 4 кашичице екстра девичанског маслиновог уља
- 1 кашика балзамичког сирћета
- Крупна со по укусу
- Грубо млевени бибер по укусу

УПУТСТВА:
a) Поточарку поделити између 2 тањира за салату и украсно распоредити делове грејпфрута и сира.
b) У малој чинији помешајте цвеклу, 2 кашичице уља и сирће и поделите између салата.
c) Прелијте салате преосталим уљем и зачините сољу и бибером.

66. [Црвени сомот Кромпир салата](#)

Израђује: 4 порције

САСТОЈЦИ:
- 1 кг плавог кромпира
- 200 г цвекле
- Со
- Бибер
- 2 везе младог лука
- 250 г павлаке
- 5 кашика белог винског сирћета
- 2 везе ротквица
- ¼ гредица крешу
- ¼ цвекла

УПУТСТВО:
a) Кромпир и цвеклу добро оперите и кувајте у доста слане воде око 15 минута.
b) Млади лук оперите, очистите и исеците на танке траке.
c) Млади лук ставите у ледену воду тако да се умота.
d) Помешајте павлаку и сирће — зачините сољу и бибером.
e) Кромпир оцедите, одложите, огулите и нарежите на коцкице.
f) Цвеклу исперите хладном водом, огулите и исеците на танке кришке.
g) Редквице добро оперите, очистите и исеците на четвртине.
h) Кромпир, цвеклу, млади лук и ротквице помешати са преливом.
i) Распоредите у чиније. Посути кресом.

67. Салата од цвекле са козјим сиром и орасима

Марке: 4

САСТОЈЦИ
2 фунте бебе цвекле (црвене, жуте и/или Цхиоггиа), обрезане, стабљике и листови резервисани
Екстра дјевичанско маслиново уље
Кошер соли
½ шоље млевене љутике (око 2 средње шалотке)
7 кашика црвеног винског сирћета
Свеже млевени црни бибер
8 унци свежег меког козјег сира
3 кашике танко исеченог свежег власца
½ шоље вишенаменског брашна
2 велика јаја
1 шоља панко хлебних мрвица
Уље од семена грожђа или другог биљног уља
1 шоља свежег першуна са равним лишћем, грубо исецканог
½ шоље тостираних ораха, грубо исецканих

УПУТСТВО:
1. Пеците цвеклу. Загрејте рерну на 450 ° Ф. Поређајте цвеклу у једном слоју у посуду за печење од 9 до 13 инча. Додајте толико воде да дође до пола стране цвекле. Прелијте маслиновим уљем и обилно посолите. Покријте посуду за печење алуминијумском фолијом и добро затворите. Пеците цвеклу 1 сат до 1 сат и 15 минута, или док не омекша када се прободе виљушком.
2. Направите маринаду. Док се цвекла пече, у средњој посуди помешајте ¼ шоље шалотке, 6 кашика црвеног винског сирћета и ½ кашичице соли.
3. Цвеклу ољуштите и маринирајте. Када је цвекла довољно хладна за руковање, али још увек топла, папирним убрусом нежно обришите кожу. Цвеклу преполовите или на четвртине и пребаците је у велику чинију. Зачините сољу и бибером по укусу. Залијте маринаду преко цвекле; бацити на капут. Оставите да одстоји 30 минута да се маринира.
4. Скувајте стабљике и листове цвекле. Исеците стабљике цвекле на комаде од 2 инча. Умотајте листове у чврсти трупац и исеците их под углом на дугачке траке ширине 1 инч. У тигању загрејте 1 кашику маслиновог уља на средњој температури док се не загреје. Додајте стабљике и зачините сољу. Кувајте, повремено мешајући, 3 до 5 минута, док благо не омекша. Додајте листове цвекле и зачините сољу и бибером. Кувајте, повремено мешајући, 2 до 4 минута, док не увене. Умешајте преосталу 1 кашику црвеног винског сирћета. Уклоните са ватре.
5. Формирајте кругове од козјег сира. Извадите козји сир из фрижидера и оставите да одстоји на собној температури око 10 минута, док мало не омекша. У чинији помешајте власац, преосталу ¼ шоље љутике и козји сир. Зачините са 1 кашичицом соли и ½ кашичице бибера. Мешајте док се темељно не сједини. Рукама формирајте четири једнаке лоптице, а затим сваку пажљиво спљоштите у круг од ¼ инча дебљине. Пребаците кругове на тањир.

6. Панирајте козји сир. Брашно распоредите у плитку посуду и зачините сољу и бибером. Разбијте јаја у плитку чинију и умутите док се не сједине. На другу плитку посуду распоредите презле. Радећи један по један, кругове козјег сира темељно премажите у брашно; откуцајте сваки вишак. Умочите са обе стране у јаја, пустите да вишак цури, а затим у презле; притисните да бисте били сигурни да се презле лепе. Пребаците кругове на тањир и прекријте пластичном фолијом; охладите у фрижидеру до непосредно пре пржења.

7. Хрскати козји сир. Непосредно пре сервирања извадите кругове козјег сира из фрижидера. Обложите тањир папирним убрусима. У тигању или тигању од ливеног гвожђа загрејте танак слој уља од семенки грожђа на средње јакој температури док се не загреје. Уље је довољно вруће када неколико презла зацврчи одмах када се дода у тигањ. Додајте кругове козјег сира. Пеците 2 до 4 минута по страни, док не порумени и не постану хрскави. Пребаците на тањир и зачините сољу и бибером.

8. Завршите и послужите салату. У печену цвеклу додајте першун и орахе; промешати да се добро сједини. Подијелите зеље (листове), стабљике и печену цвеклу међу јелима за сервирање. Сваку прелијте козјим сиром и послужите.

СИДЕС

68. Печено коренасто поврће

Израђује: 6 до 8 порција

САСТОЈЦИ:
- 3 фунте репе исечене на коцкице
- 1 мали црвени лук
- ¼ шоље кокосовог уља
- 1 ½ кашичице кошер соли
- ¼ кашичице свеже млевеног црног бибера
- 2 кашике листова рузмарина, сецканих

УПУТСТВО:
a) Поставите сталак у средину рерне и загрејте рерну на 425 ° Ф.
b) Ставите корјенасто поврће и црвени лук на лим за печење. Прелијте са ¼ шоље кокосовог уља, поспите кошер сољу и црним бибером и ставите да се равномерно прекрије. Раширите у равномерном слоју.
c) Пеците 30 минута.
d) Извадите плех из рерне, поспите поврће рузмарином и промешајте да се сједини. Поново раширите у равномерном слоју.
e) Наставите да печете док поврће не омекша и карамелизује, још 10 до 15 минута.

69. [Цвекла у Гранд Марниеру](...)

Прави: 6 порција

САСТОЈЦИ:
- 6 Цвекла, очишћена и исечена
- 2 кашике слатког путера
- 3 кашике Гранд Марниера
- 1 кашичица рендане коре поморанџе

УПУТСТВО:
a) У пари постављеној изнад воде која се кључа, цвеклу кувајте на пари, покривену, 25 до 35 минута, или док не омекша.
b) Освежите цвеклу под хладном водом, скините јој кожу и исеците цвеклу на кришке од ⅜ инча.
c) У великом тигању кувајте цвеклу у путеру на умереној ватри, мешајући 3 минута.
d) Умешајте Гранд Марниер, кору наранџе и со по укусу; динстајте смешу, покривену, 3 минута.

70. Цвекла у павлаци

Израђује: 4 порције

САСТОЈЦИ:
- 16 унци Конзерве цвекле, оцеђене и исечене на коцкице
- 1 кашика јабуковог сирћета
- ¼ кашичице сваког белог лука соли и бибера
- ¼ шоље павлаке
- 1 кашичица шећера

УПУТСТВО:
a) Комбинујте све састојке у стакленој посуди од 1 кт. Лагано промешајте да се меша.
b) Микроталасна, покривена, 3-5 минута на високој температури или док се не загреје. Мешајте свака 2 минута.
c) Оставите да одстоји, поклопљено, 2-3 минута пре сервирања.

71. Црвена сомотна цвекла од бруснице

Израђује: 6 порција

САСТОЈЦИ:
- 1 конзерва (16 оз.) цвекле исечене на коцкице, оцеђена
- 1 конзерва (16 оз.) соса од целих бобица или желеа од бруснице
- 2 кашике сока од поморанџе
- 1 кашичица рендане коре поморанџе
- 1 цртица соли

УПУТСТВА:
a) Комбинујте све састојке у лонцу; добро загрејати, повремено мешајући.

b) Послужите одједном. Укусно са ћурком или шунком.

72. Црвени сомот Медена цвекла

Прави: 7 порција

САСТОЈЦИ:
- 6 шоља воде
- 1 кашика сирћета
- 1 кашичица соли
- 5 средње цвекле
- 1 средњи лук, исецкан
- 2 кашике маргарина
- 2 кашике меда
- 1 кашика лимуновог сока
- ½ кашичице соли
- ⅛ кашичице млевеног цимета
- 1 кашика першуна, исецканог

УПУТСТВА:
a) Загрејте воду, сирће и 1 кашичицу соли до кључања. Додајте цвеклу. Крчкајте док не омекша, 35 до 45 минута; одвод. Прелијте цвеклу хладном водом; скините кожу и уклоните крајеве корена. Цвеклу исећи на комаде.
b) Прокувајте и мешајте лук у маргарину у тигању од 10" на средњој ватри док лук не омекша око 5 минута. Умешајте цвеклу, мед, лимунов сок, ½ кашичице соли и цимет.
c) Загревајте повремено мешајући, док цвекла не буде врућа, око 5 минута.
d) Поспите першуном.

73. Печена цвекла

Марке: 4

САСТОЈЦИ:
- 1 фунта средње свеже цвекле, ољуштене
- 1/2 кашичице кошер соли
- 8 кашичица чорбе од поврћа
- 5 свежих гранчица рузмарина

УПУТСТВО:
a) Загрејте рерну на 400 °Ф.
b) Сваку цвеклу исеците на кришке у зависности од тога колико порција желите. Убаците у чорбу од поврћа и посолите да се премаже.
c) У тепсију ставите комад чврсте фолије дуг 12 инча.
d) Цвеклу поређајте на фолију и поспите рузмарином. Замотајте цвеклу у фолију и добро затворите.
e) Пеците најмање 1 сат или док кромпир не омекша.
f) Пажљивим отварањем фолије пустите да пара изађе. Уклоните гранчице рузмарина. Послужите и уживајте!

ДЕСЕРТ

74. [Ред Велвет Цупцакес](#)

Израђује: 24 колача

САСТОЈЦИ:
- 2 беланца
- 2 шоље мешавине црвеног сомота
- 1 шоља мешавине чоколадне торте
- ¼ шоље тинктуре натопљене канабисом
- 1 врећица од 12 унци чоколадних чипса
- 1 лименка од 12 унци сода од лимуна и лимете
- 1 глазура од павлаке од 12 унци

УПУТСТВО:
a) Загрејте рерну на 350 ° Ф.
b) Калуп за мафине обложите папирним чашама за печење.
c) У великој посуди за мешање помешајте беланца, мешавине за колаче, тинктуру, комадиће чоколаде и соду.
d) Добро промешајте док се не формира глатко тесто.
e) Сипајте тесто у чаше за печење.
f) Пеците 20 минута.
g) Пустите да се колачићи охладе пре глазуре.

75. Ледена торта од црвеног сомота

Марке: 6

САСТОЈЦИ:
ЦАКЕ
- 1 ½ шоље шећера
- 1 кашичица соде бикарбоне
- ½ шоље Црисцо
- 1 кашичица екстракта ваниле
- 1 шоља млаћенице
- 2 унце црвене боје за храну
- 2 ½ шоље брашна за колаче
- 1 кашичица соли
- 1 кашичица сирћета
- 3 кашичице какаоа

ИЦЕГ #1
- 1 штапић путера
- 8 кашичица Црисцо
- 1 шоља шећера
- 3 кашичице брашна
- ⅔ шоље млека
- 1 кашичица екстракта ваниле

ИЦЕНИНГ #2
- 1 штапић путера
- 2 крем сир
- 2 јаја
- 1 кутија шећера

УПУТСТВО:
a) Помешајте све састојке руком. Немојте користити електрични миксер.
b) Пеците на 350 степени 1 сат и 15 минута.
c) Оставите да се охлади 30 минута пре него што га извадите из тигања.

76. Ред Велвет Цаке

Израђује: 10 -12 порција

САСТОЈЦИ:
- 2½ шоље вишенаменског брашна
- 2 кашичице незаслађеног какао праха
- 1 кашичица кошер соли
- 1 кашичица соде бикарбоне
- 2 jaja, на собној температури
- 1½ шоље гранулираног шећера
- 1½ шоље биљног уља
- 1 шоља млаћенице, на собној температури
- 1½ кашичице екстракта ваниле
- 1 кашичица дестилованог белог сирћета
- 1 унца црвене боје за храну

ЗА ГЛАЗУ:
- 16 унци крем сира, омекшаног
- 1 шоља несланог путера, омекшаног
- 8 шољица шећера у праху
- 1 кашика пуномасног млека
- 2 кашичице екстракта ваниле

УПУТСТВО:

a) Загрејте рерну на 325 степени Ф. Попрскајте два калупа за торте од 9 инча спрејом за печење или их подмажите и побрашните.

b) У великој посуди за мешање помешајте брашно, какао прах, со и соду бикарбону и просијте или умутите заједно.

c) У средњу чинију разбијте јаја и умутите их пјењачом. У чинију сипајте шећер, уље, млаћеницу и ванилију и мешајте ручним миксером на малој брзини док све не постане лепо и кремасто.

d) Полако комбинујте мокре састојке са сувим састојцима у великој посуди.

e) Додајте сирће и црвену боју за храну. Преклапајте све док тесто за торту не постане црвено и не остане без трагова.

f) Сипајте једнаку количину теста за торте у сваки калуп за торте. Протресите и тапкајте посуде да бисте ослободили мехуриће ваздуха, а затим оставите да одстоји 5 минута. Пеците колаче 25 до 30 минута. Извадите колаче из калупа за торте и ставите их на решетке за хлађење.

g) Док се колачи хладе, направите глазуру. У великој посуди помешајте крем сир и путер.

h) Умутите два састојка помоћу ручног миксера, а затим полако додајте шећер у праху 1 шољу по једну.

i) Додајте млеко и ванилију и мешајте док глазура не постане лепа и кремаста. Када се колачи потпуно охладе, замрзните их.

77. [Црвени сомот сладолед](#)

Марке: 1 пинта

САСТОЈЦИ:
- 1 лист желатина
- 1 шоља млека
- ½ порције Фудге соса
- 50 г комадића чоколадне торте
- 35 г какао праха
- 2 кашике шећера
- 1 кашика глукозе
- 1 кашика дестилованог белог сирћета
- 1 кашика млаћенице
- 2 кашичице црвене боје за храну
- 1 кашичица кошер соли

УПУТСТВО:
a) Блоом тхе желатин.
b) Загрејте мало млека и умутите желатин да се раствори.
c) Пребаците мешавину желатина у блендер, додајте преостало млеко, сос за фуџ, чоколадну торту, какао прах, шећер, глукозу, сирће, млаћеницу, боју за храну и со, па измиксајте док не постане глатка и уједначена.
d) Сипајте смешу кроз ситно сито у машину за сладолед и замрзните према упутствима произвођача.

78. Црвени сомот чоколадни колачићи

Прави: 21 колачић

САСТОЈЦИ
- 1½ шоље вишенаменског брашна
- ¼ шоље какао праха
- 1 кашичица соде бикарбоне
- ¼ кашичице морске соли
- ½ шоље несланог путера, собне температуре
- ½ шоље смеђег шећера
- ½ шоље
- 1 јаје, собна температура
- 1 кашика млека / млаћенице / природног јогурта
- 2 кашичице екстракта ваниле
- ½ кашичице црвеног гела за бојење хране
- 1 шоља беле или тамне чоколаде

УПУТСТВО:

a) У великој посуди за мешање умутите брашно, какао прах, соду бикарбону и со, а затим оставите са стране.

b) Ручним или стајаћим миксером умутите путер, смеђи шећер и гранулирани шећер на великој брзини док не постане кремасто око 1-2 минута.

c) Затим додајте јаје, млеко, екстракт ваниле и прехрамбену боју, па умутите док се добро не сједини, а затим искључите миксер.

d) Додајте суве састојке мокрим састојцима.

e) Укључите миксер на малу брзину и полако умутите док се не формира веома мекано тесто.

f) У случају да требате додати још боје за храну, слободно то учините у овом тренутку.

g) На крају додајте комадиће чоколаде и умутите их.

h) Покријте тесто пластичном фолијом и оставите да се охлади у фрижидеру најмање 2 сата или преко ноћи.

i) Када се охлади, оставите тесто да одстоји на собној температури најмање 15 минута пре него што га уваљате у куглице и печете јер ће се тесто стврднути.

j) Загрејте рерну на 180°Ц.

k) Обложите две велике тепсије пек папиром или силиконским простиркама за печење. Оставите на страну.

l) Користећи супену кашику, захватите гомилу теста за колаче и увијте га у куглу.

m) Ређајте их у плех обложен папиром за печење па пеците 11-13 минута.

n) Пеците у серијама.

o) Додајте још неколико комадића чоколаде на топле колачиће.

79. Црвени сомот сладолед вафла

Прави: 8 сендвича

САСТОЈЦИ:
- 1¾ шоље вишенаменског брашна
- ¼ шоље незаслађеног какаоа
- 1 кашичица соде бикарбоне
- 1 кашичица соли
- 1 шоља уља каноле
- 1 шоља гранулираног шећера
- 1 велико јаје
- 3 кашике црвене боје за храну
- 1 кашичица чистог екстракта ваниле
- 1½ кашичице дестилованог белог сирћета
- ½ шоље млаћенице
- Нелепљиви спреј за кување
- 1½ литре сладоледа од ваниле
- 2 шоље полуслатких мини чоколадних чипса

УПУТСТВО:
a) Загрејте пеглу за вафле на средњу.
b) У посуди средње величине умутите брашно, какао, соду бикарбону и со. Оставите на страну.
c) У посуди самостојећег миксера или електричним ручним миксером у великој посуди умутите уље и шећер на средњој брзини док се добро не сједине. Умутите јаје. Смањите миксер на ниско и полако додајте боју за храну и ванилију.
d) Помешајте сирће и млаћеницу. Додајте половину ове мешавине млаћенице у велику посуду са уљем, шећером и јајетом. Промешајте да се сједини, а затим додајте половину мешавине брашна.
e) Остружите посуду и мешајте само толико да се уверите да нема непомешаног брашна.
f) Додајте остатак мешавине млаћенице, промешајте да се сједини, а затим додајте последњу мешавину брашна.

g) Поново промешајте, тек толико да се уверите да нема непомешаног брашна.

h) Премажите обе стране решетке гвожђа за вафле непријањајућим спрејом. Сипајте довољно теста у пеглу за вафле да покрије решетку, затворите поклопац и пеците док вафли не буду довољно чврсти да их можете уклонити из пегле за вафле, 4 минута.

i) Оставите вафле да се мало охладе на решетки. Користите кухињске маказе или оштар нож да раздвојите вафле на делове.

j) Поновите да бисте направили укупно 16 делова.

k) Док се делови вафла хладе, ставите сладолед на пулт да омекша 10 минута.

l) Након што је сладолед омекшао, поставите половину делова вафла и помоћу лопатице намажите сладолед дебљине око 1 инча на сваки од њих.

m) Прелијте преостале делове да направите 8 сендвича. Гумом лопатицом остружите све преливе сладоледа да бисте уредили ивице.

n) Затим умочите ивице сладоледа у чинију или плитку посуду напуњену мини чоколадним комадићима.

o) Сваки сендвич чврсто умотајте у пластичну фолију, ставите у кесу са патентним затварачем и ставите кесу у замрзивач на најмање 1 сат да се сладолед стврдне.

p) Уклоните сендвич неколико минута пре сервирања да би мало омекшао.

80. Ред Велвет Мини Цхеесецакес

Прави: 22-24 колача од сира

САСТОЈЦИ
РЕД ВЕЛВЕТ ЦООКИЕ ЛАИЕР
- 1 и ½ шоље + 1 кашика вишенаменског брашна
- ¼ шоље незаслађеног какао праха
- 1 кашичица соде бикарбоне
- ¼ кашичице соли
- ½ шоље несланог путера омекшаног на собну температуру
- ¾ шоље упакованог светлог или тамно смеђег шећера
- ¼ шоље гранулираног шећера
- 1 јаје, на собној температури
- 1 кашика млека
- 2 кашичице чистог екстракта ваниле
- 1 кашика црвене боје за храну

ЦХЕЕСЕЦАКЕ ЛАИЕР
- 12 унци крем сира, омекшаног на собну температуру
- 2 кашике јогурта
- ⅓ шоље гранулираног шећера
- 1 велико јаје, на собној температури
- 1 кашичица чистог екстракта ваниле
- ½ шоље мини или обичних полуслатких чоколадних чипса

УПУТСТВО:
a) Загрејте рерну на 350 ° Ф.
b) Обложите две тепсије за мафине од 12 комада улошцима за колаче. Оставите на страну.
c) Направите слој колачића од црвеног сомота: брашно, какао прах, соду бикарбону и со помешајте заједно у велику чинију. Оставите на страну.
d) Користећи ручни или самостојећи миксер са лопатицом, умутите путер на великој брзини док не постане кремаст, око 1 минут.
e) По потреби остружите странице и дно посуде.

f) Пребаците миксер на средњу брзину и умутите смеђи шећер и гранулирани шећер док се не сједине.

g) Умутите јаје, млеко и екстракт ваниле, по потреби стругајући са страница и дна чиније.

h) Када се меша, додајте боју за храну и умутите док се не сједини.

i) Искључите миксер и сипајте суве састојке у мокре састојке. Укључите миксер на лагано и полако мутите док се не формира веома мекано тесто.

j) Умутите још боје за храну ако желите да тесто буде црвеније. Тесто ће бити лепљиво.

k) Утисните 1 малу кашику теста за колаче на дно сваке облоге за колаче. Кажем „мало" јер у супротном нећете имати довољно да направите 22-24 мини колача од сира. Пеците сваку серију 8 минута да би се кора претходно испекла пре него што ставите колач од сира на слој.

l) Направите слој за чизкејк: ручним или стојећим миксером са наставком за лопатице умутите крем сир на средње јакој температури док не постане потпуно глатка.

m) Додајте јогурт и шећер, мутите док се не сједине.

n) Додајте јаје и ванилију и умутите на средњој температури док се не сједине.

o) Нежно убаците чоколадне комаде. Ставите 1 кашику теста за чизкејк на врх претходно печеног колачића, раширите га како бисте били сигурни да потпуно покрива колачић.

p) Вратите мини колаче од сира у рерну и наставите да печете још око 20 минута.

q) Покријте шоље алуминијумском фолијом ако врхови прерано постану браон.

r) Оставите да се охлади 30 минута на пулту, а затим у фрижидер да се стегне још 1,5 сат.

s) Чаше за колаче остају свеже и покривене на собној температури 12-24 сата, а затим се морају оставити у фрижидеру још до 3 дана.

81. Црвени сомот мафини са крем сиром

Прави: 12 мафина

САСТОЈЦИ
ЦРУМБ ТОПИНГ
- ½ шоље гранулираног шећера
- ¼ шоље вишенаменског брашна
- 2 кашике несланог путера

СМЕСА КРЕМ СИРА
- 4 унце крем сира омекшаног
- ¼ шоље гранулираног шећера
- ½ кашичице екстракта ваниле

МУФФИНС
- 1 ¼ шоље вишенаменског брашна
- ½ шоље гранулираног шећера
- 2 кашичице прашка за пециво
- ½ кашичице соли
- 1 велико јаје
- ½ шоље биљног уља
- ⅓ шоље млека
- 2 кашике незаслађеног какао праха
- 2 кашичице црвене боје за храну

УПУТСТВА

a) Загрејте рерну на 375 ° Ф.
b) Припремите калуп за мафине тако што ћете га обложити облогама или попрскати непријањајућим спрејом за кување.

ЦРУМБ ТОПИНГ

c) У средњу посуду додајте брашно, шећер и путер. Користећи виљушку, исеците путер док не добијете крупне мрвице.

СМЕСА КРЕМ СИРА

d) У другој посуди умутите крем сир, шећер и ванилију док не постане глатко.

МУФФИНС

e) У чинију самостојећег миксера додајте брашно, прашак за пециво и со и умутите да се сједини.
f) Додајте јаје, уље, млеко, какао прах и црвену боју за храну и мешајте док се не уклопе.
g) Преклопите мешавину крем сира у тесто за мафине, пазећи да се не меша превише.
h) Убаците тесто у припремљени мафин, пуните сваки око ⅔ пуне.
i) Равномерно поспите прелив од мрвица преко сваког мафина.
j) Пеците на 375 ° Ф 17-19 минута или док чачкалица уметнута у центар не изађе чиста.
k) Оставите мафине да се охладе у калупу око 10 минута, а затим их пребаците на решетку за хлађење да се потпуно охладе.

82. Црвени сомот колач од малине

Израђује: 12 порција

САСТОЈЦИ
- 1 лист расхлађеног теста за питу
- 1 велико беланце, лагано умућено
- ¼ шоље џема од малина без семена
- ⅔ шоље путера омекшаног
- ¾ шоље шећера
- 3 велика јаја
- 1 велико жуманце
- 1 кашика какаоа за печење
- 2 кашичице црвене пасте боје за храну
- 1 шоља млевених бадема
- Ицинг

УПУТСТВА
a) Загрејте рерну на 350°. Одмотајте лист пецива у 9 инча. назубљени тигањ са дном који се може уклонити; трим чак и са ободом. Замрзните 10 минута.

b) Обложите тесто дуплом фолијом. Напуните теговима за питу, сувим пасуљем или некуваним пиринчем. Пеците 12-15 минута или док ивице не порумене.

c) Уклоните фолију и тегове; дно коре премазати беланца. Пеците 6-8 минута дуже или док не порумени. Охладите на решетки.

d) По дну коре премазати џем. У чинији, крем путер и шећер док не постану лагани и пахуљасти. Постепено умутите јаја, жуманце, какао и боју за храну. Убаците млевене бадеме. Намазати преко џема.

e) Пеците 30-35 минута или док се фил не стегне. Потпуно охладите на решетки.

f) У малој чинији помешајте шећер од слаткиша, воду и екстрахујте док не постане глатко; прскати или лупати преко торте. Охладите остатке.

83. Црвени сомот суфле

Прави: 6 порција

САСТОЈЦИ
- 1 кашика путера
- 3 кашике гранулираног шећера
- Чоколада за печење од 4 унце, сецкана
- 5 великих јаја, одвојено
- ⅓ шоље гранулираног шећера
- 3 кашике млека
- 1 кашика црвене течне боје за храну
- 1 кашичица екстракта ваниле
- Прстохват соли
- 2 кашике гранулираног шећера
- Шећера у праху
- Шлаг од павлаке

УПУТСТВА

k) Загрејте рерну на 350°.

l) Подмажите дно и странице рамекина путером.

m) Лагано премажите са 3 кашике шећера, истресите вишак. Ставите на лим за печење.

n) Чоколаду у микроталасној пећници у великој посуди за микроталасну пећницу на ХИГХ 1 минут до 1 минут и 15 секунди или док се не растопи, мешајући у интервалима од 30 секунди.

o) Умешајте 4 жуманца, ⅓ шоље шећера и следећа 3 састојка.

p) Умутити 5 беланаца и со на великој брзини снажним електричним миксером док не постане пенасто.

q) Постепено додајте 2 кашике шећера, мутите док се не формирају чврсти врхови.

r) Преклопите смесу од беланаца у чоколадну мешавину, једну по једну трећину.

s) Ставите кашиком у припремљене рамекине.

t) Пређите врхом палца око ивица рамекинса, обришите и направите плитко удубљење око ивица смеше.

u) Пеците на 350° 20 до 24 минута или док суфле не нарасту и стегне се.

v) Поспите шећером у праху; одмах послужити са шлагом.

84. Ред Велвет Цхеесецаке Моуссе

Произвођачи: 3

САСТОЈЦИ
- 6 унци крем сира омекшаног у блоку
- ½ шоље тешке креме
- 2 кашике павлаке пуне масти
- ⅓ шоље заслађивача у праху са ниским садржајем угљених хидрата
- 1 ½ кашичице екстракта ваниле
- 1 ½ кашичице какао праха
- ½ кашичице до 1 кашичице природне црвене прехрамбене боје у зависности од тога да ли желите црвену боју уместо ружичасте
- Шлаг тешка павлака заслађен капима стевије
- Рендана кето чоколада без шећера

УПУТСТВА

a) У велику посуду за мешање са електричним ручним миксером или миксером, додајте омекшани крем сир, тешку павлаку, павлаку, заслађивач у праху и екстракт ваниле.

b) 6 унци крем сира у блок-стилу, ½ шоље тешке павлаке, ⅓ шоље заслађивача у праху са мало угљених хидрата, 1 ½ кашичице екстракта ваниле, 2 кашике павлаке

c) Мешајте на лаганој ватри минут, а затим на средњој пар минута док не постане густа, кремаста и темељно сједињена.

d) Додајте какао прах и мешајте на високој температури док се не сједини, стругајући са стране гуменим стругачем да се добро измеша.

e) 1 ½ кашичице какао праха

f) Додајте црвену боју за храну и мешајте док се не сједини или до конзистенције пудинга.

g) ½ кашичице до 1 кашичице природне црвене прехрамбене боје

h) Кашиком или кесом за пециво убаците моуссе у малу чашу или чинију за десерт.

i) Украсите комадицом шлага без шећера и мало рендане чоколаде без шећера по жељи. Послужите

j) Шлаг тешка павлака заслађен капима стевије, струготине чоколаде без шећера

85. Ред Велвет-Берри Цобблер

Прави: 6 до 8 порција

САСТОЈЦИ
- 1 кашика кукурузног шкроба
- 1 ¼ шоље шећера, подељено
- 6 шољица разних свежих бобица
- ½ шоље путера омекшаног
- 2 велика јаја
- 2 кашике црвене течне прехрамбене боје
- 1 кашичица екстракта ваниле
- 1 ¼ шоље вишенаменског брашна
- 1 ½ кашике незаслађеног какаоа
- ¼ кашичице соли
- ½ шоље млаћенице
- 1 ½ кашичице белог сирћета
- ½ кашичице соде бикарбоне

УПУТСТВА

a) Загрејте рерну на 350°. Помешајте кукурузни скроб и ½ шоље шећера.

b) Баците бобице са мешавином кукурузног шкроба и сипајте у благо подмазану посуду за печење величине 11 к 7 инча.

c) Умутити путер на средњој брзини електричним миксером док не постане паперјаст; постепено додајте преосталих ¾ шоље шећера, добро умутите.

d) Додајте јаја, 1 по једно, мутите док се не помешају након сваког додавања.

e) Мешајте црвену прехрамбену боју и ванилију док се не сједине.

f) Помешајте брашно, какао и со. Помешајте млаћеницу, сирће и соду бикарбону у посуди за мерење течности од 2 шоље.

g) Додајте мешавину брашна у мешавину путера наизменично са мешавином млаћенице, почевши и завршавајући мешавином брашна.

h) Туците на малој брзини док се не сједини након сваког додавања.

i) Кашиком прелијте тесто преко мешавине бобица.

j) Пеците на 350° 45 до 50 минута или док дрвени крак уметнут у средину прелива за торте не изађе чист. Охладите на решетки 10 минута.

86. Воћна торта од црвеног сомота

Прави: 3 порције

САСТОЈЦИ
- 200 грама Маида
- 220 грама шећера у праху
- 1 кашика какао праха
- 150 мл биљног уља
- 250 мл млаћенице
- 1 кашичица прашка за пециво
- ½ кашичице соде бикарбоне
- ¼ кашичице соли
- ½ кашичице сирћета
- 1 кашика есенције ваниле
- ½ шоље тешке креме

ЗА ГАРНИРАЊЕ:
- Чоколадна уметност
- Киви и грожђе
- Душо
- Свеет Гемс

УПУТСТВА

a) У чинију додајте све суве састојке поменуте горе и процедите их заједно да бисте избегли грудвице.

b) Сада додајте млаћеницу, биљно уље, есенцију ваниле и пасту од цвекле и добро промешајте да добијете глатко тесто.

c) На крају додајте сирће и добро промешајте.

d) Узмите 1 калуп за торту од 6 инча и калуп за мафине премажите их уљем и поспите прашином користећи Маида,

e) сипајте тесто подједнако у њих.

f) Загрејте микроталасну пећницу на 180°Ц 10 минута. Пеците их у загрејаној микроталасној рерни 20-25 минута или док не буду готови у зависности од сваке микроталасне рерне.

g) Умутите густу павлаку 3-4 минута и оставите да се замрзне.

h) Исеците киви и грожђе.

i) Након печења оставите да се охлади и скините калуп.

j) На обе торте нанесите шлаг и украсите их драгуљима, чоколадом, сецканим воћем и на крају медом.

87. Ред Велвет бисквит

Прави: 10 порција

САСТОЈЦИ:
- 2 шоље брашна које се само диже
- ½ кашичице креме од каменца
- ⅛ кашичице соли
- 1 кашика незаслађеног какао праха
- 2 кашике гранулираног шећера
- ¾ шоље млаћенице хладног
- ½ шоље исецканог хладног несланог путера
- ¼ шоље поврћа са укусом путера
- 1 кашичица екстракта ваниле
- ½ унце црвене боје за храну

УПУТСТВО:
a) У великој посуди помешајте брашно које се само диже, со, какао прах, шећер и крем од тартара.
b) Просејте или мешајте састојке док се добро не сједине.
c) Додајте све суве састојке у посуду за миксер.
d) Додајте путер, крему, млаћеницу и боју за храну.
e) Укључите миксер и пустите да се састојци мешају на средњој брзини, док не постане црвено тесто.
f) Када се тесто формира, поравнајте га на благо побрашњеној равној површини помоћу оклагије.
g) Исеците кексе помоћу поклопца за конзерве, резача за кексе или секача за колаче.
h) Ставите кексе у посуду за печење.
i) Пеците кексе на 400 Ф, 12-15 минута.
j) Када је готово, премажите или утрљајте путер преко кекса док су још топли.

88. Црвени сомот макарони

Прави: 18 макарона

САСТОЈЦИ
- ½ шоље + 2 кашике финог бадемовог брашна, бланширано
- ½ шоље шећера у праху
- 1 кашичица незаслађеног какао праха
- 2 велика беланца
- прстохват креме од тартара
- ¼ шоље + 1 кашичица гранулираног шећера
- црвена гел боја за храну
- Глазура од крем сира

УПУТСТВА
a) Просејте бадемово брашно, шећер у праху и незаслађени какао прах у велику чинију и оставите са стране.
b) Беланца додајте пјењачом у посуду миксера и миксајте на средњој брзини док се површина беланца не покрије малим мехурићима.
c) Додајте прстохват тартара и наставите да мешате док не дођете до меког врхунца.
d) Затим постепено додајте гранулирани шећер и мешајте на средњој брзини 30 секунди. Повећајте брзину мешања на средњу-високу брзину. Наставите да мешајте док се не формирају чврсти, сјајни врхови.
e) У овом тренутку додајте црвену гел боју за храну. То ће се помешати током следећег корака.
f) Додајте суве састојке у мерингу и преклопите их кружним покретима док густа трака теста не потече са лопатице у непрекидном млазу када се подигне.
g) Сипајте тесто у велику врећу са округлим врхом цеви средње величине и округлом цеви од 1 ¼ инча на припремљене лимове за печење, размакните их око 1 инча.
h) Чврсто ударите тепсије о радну површину неколико пута да бисте ослободили мехуриће ваздуха, а затим искочите

преостале мехуриће ваздуха који испливају на површину чачкалицом или пером.

i) Пустите макароне да одмарају 30 минута или док не развију кожу.

j) Док се макарони одмарају, загрејте рерну на 315 Ф / 157 Ц.

k) Пеците један по један плех макарона на средњој решетки рерне 15-18 минута и ротирајте плех до пола.

l) Извадите из рерне и оставите макароне да се охладе на плеху, око 15 минута, а затим их нежно уклоните са подлоге.

m) Упарите љуске, а затим ставите комадић крем сира за глазуру једне љуске макарона. Нежно притисните другу шкољку на глазуру да направите сендвич.

n) По жељи прелијте са мало беле чоколаде и здробите две коре макарона да бисте их употребили као украс.

o) Готове макароне ставите у херметички затворену посуду и оставите у фрижидеру преко ноћи, а затим их оставите да се загреју на собну температуру и уживајте!

89. Ред Велвет Ице Бок пита

Производи: 8 комада

САСТОЈЦИ
- 2 шоље здробљених чоколадних колачића или чоколадних грахам крекера
- ½ шоље путера отопљеног
- ¼ шоље гранулираног шећера
- Паковање од 12,2 унце Ред Велвет Орео колачића
- 8 унци крем сира, омекшаног
- Кутија од 3,4 унце инстант мешавине пудинга за чизкејк
- 2 шоље пуномасног млека или пола и пола
- 8 унци смрзнутог умућеног прелива

УПУТСТВА
a) Загрејте рерну на 375 ° Ф. Лагано попрскајте тањир за питу дубоку 9 инча спрејом за кување.
b) У малој чинији помешајте мрвице колачића, путер и шећер. Добро промешајте, а затим притисните на дно и стране плоче за питу. Пеците 15 минута или док се не стегне. Потпуно охладити.
c) Резервишите 5 целих колачића за украс, а остатак ставите у пластичну кесу која се може поново затворити.
d) Здробите колачиће. Оставите на страну.
e) У посуди за мешање средње величине користите миксер да умутите крем сир, мешавину пудинга и млеко. Мутите 2-3 минута или док не постане кремасто, мекано и глатко.
f) У фил ручно преклопите умућен прелив и измрвљене колачиће. Ширите у охлађену кору.
g) Одозго украсите преосталим умућеним преливом и целим колачићима по жељи.
h) Охладите најмање 4 сата пре сервирања.

90. Црвени сомот Колач од цвекле

Израђује: 10 порција

САСТОЈЦИ:
- 1 шоља Црисцо уља
- ½ шоље путера, растопљеног
- 3 јаја
- 2 шоље шећера
- 2½ шоље брашна
- 2 кашичице цимета
- 2 кашичице соде бикарбоне
- 1 кашичица соли
- 2 кашичице ваниле
- 1 шоља харвардске цвекле
- ½ шоље кремастог свјежег сира
- 1 шоља здробљеног ананаса, оцеђеног
- 1 шоља сецканих ораха
- ½ шоље кокоса

УПУТСТВО:
a) Помешајте уље, путер, јаја и шећер.
b) Додајте брашно, цимет, соду и со.
c) Ставите ванилију, цвеклу, свјежи сир, ананас, орахе и кокос.
d) Сипајте у тепсију величине 9к13 инча.
e) Пеците на 350 40-45 минута. Послужите са шлагом.

91. Гратин од цвекле

Прави: 4 порције

САСТОЈЦИ:
- 4 шоље Нарезана цвекла (и црвена и жута), нарезана ½ инча дебљине
- 1 шоља танко нарезаног лука
- 2 шоље зачињених мрвица хлеба
- 3 кашике путера
- Маслиново уље, за заливање
- Пармезан, за прскање
- Креолски зачин, за прскање
- Сол и бели бибер

УПУТСТВО:

a) Загрејте рерну на 375 степени Ф. У маслацем за гратинирање или тешку посуду за печење, слој цвекле, лука и пола хлебних мрвица посипајте путером и сваки слој зачините маслиновим уљем, пармезаном, креолским зачинима и сољу и бибером, окусити.

b) Завршите слојем хлебних мрвица на врху. Пеците, покривено, 45 минута. Откријте и наставите да печете још 15 минута, или док врх не порумени и пене. Послужите директно из посуде.

92. Суфле од зелене репе

Прави: 1 суфле

САСТОЈЦИ:
- 3 кашике пармезана; рендани
- 2 медијума Цвекла; кувана иољуштена
- 2 кашике путера
- 2 кашике брашна
- ¾ шоље пилећег бујона; вруће
- 1 шоља репа зеленила; саутеед
- ½ шоље чедар сира; рендани
- 3 жуманца
- 4 беланца

УПУТСТВО:

a) Маслац 1 кт. јело за суфле; поспите пармезаном. Кувану цвеклу нарежите и њоме обложите дно посуде за суфле.

b) У мањој шерпи отопите путер, умешајте брашно, додајте врелу чорбу и наставите да кувате док се мало не згусне, па пребаците у већу чинију. Цвеклу крупно исецкати и додати у сос заједно са чедар сиром.

c) У посебној посуди умутите жуманца; помешајте их са мешавином зелене репе. Умутити беланца док не створе врхове. Преклопите у посуду са другим састојцима; добро изблендати. Пребаците све у посуду за суфле намазану путером. Поспите пармезаном.

d) Пеците на 350 Ф. 30 минута, или док суфле не напухне и порумени.

93. Црвени сомот Моуссе од цвекле

Прави: 1 порција

САСТОЈЦИ:
- 3 медијума Цвекла; Кувано на њиховој кожи
- 2½ шоље пилећег бујона
- 2 паковања желатина без укуса
- 1 шоља јогурта без укуса
- 2 кашике сока од лимуна или лимете
- 1 мали рендани лук
- 1 кашика шећера
- 1 кашика сенфа
- Со и бибер; окусити

УПУТСТВО:
a) Огулите и кувану цвеклу на коцкице.
b) Ставите желатин у посуду са 6 Т воде и промешајте. Оставите да одстоји 2 минута и сипајте врући пилећи темељац уз мешање.
c) Помешајте све састојке осим желатина. Исправно зачињање.
d) Додати охлађени желатин и процесирати само да се сједини.
e) Сипати у науљен калуп да се стегне 6. Одмотати и послужити у центру тањира окружен кари салатом од пилетине или салатом од шкампа

94. Хлеб од цвекле

Прави: 1 порција

САСТОЈЦИ:
- ¾ шоље Скраћивање
- 1 шоља шећера
- 4 јаја
- 2 кашичице ваниле
- 2 шоље исецкане цвекле
- 3 шоље брашна
- 2 кашичице прашка за пециво
- 1 кашичица соде бикарбоне
- ½ кашичице цимета
- ¼ кашичице млевеног мушкатног орашчића
- 1 шоља сецканих ораха

УПУТСТВО:
a) Умутити крему и шећер док не постане светла и пахуљаста. Умешајте јаја и ванилију. Умешајте цвеклу.
b) Додајте комбиноване суве састојке; добро промешати. Умешајте орахе.
c) Сипати у подмазан и брашном посут плех 9к5 инча.
d) Пеците на 350'Ф. 60-70 минута или док дрвена чачкалица уметнута у средину не изађе чиста.
e) Охладите 10 минута; извадити из тигања.

КОКТЕЛИ И СМУТИЈИ

95. Ред Велвет Цаке Мартини

Произвођачи: 2

САСТОЈЦИ:
- 2 унце вотке за колаче
- 1 унца Цреме де Цацао
- ½ унце вотке од ваниле
- ½ унце умућене вотке
- ¼ унце Аперол
- ½ унце гренадина
- ¼ кашичице шећера у праху

УПУТСТВО:
a) Измерите вотку за торту, Цреме де Цацао, вотку од ваниле, умућену вотку, Аперол, гренадин, шећер у праху и лед у шејкер за коктеле.
b) Протресите док се добро не сједини.
c) Процедите равномерно у две чаше.
d) Послужите.

96. Моктел од црвеног сомота

Марке: 5

САСТОЈЦИ:
- 1 шоља куване воде
- 5 кашичица листова чаја Ред Велвет
- 5 листова менте
- 2 кашике нектара агаве
- 4 кашике свежег сока од лимете
- 3 шоље газиране воде
- Бацарди рум

УПУТСТВО:
a) Чај сипајте у 200 мл куване воде пет минута.
b) Уклоните врећицу чаја или проциједите ако је лабава и ставите у фрижидер да се охлади.
c) Комбинујте све састојке. Послужите преко леда и украсите ментом и лиметом.

97. Црвени сомот чоколадни коктел

Производи: 1 коктел

САСТОЈЦИ:
- ¼ шоље ликера од беле чоколаде
- 1½ унце вотке
- 1 унца Гренадина
- ½ шоље млека
- глазура од крем сира за облагање чаше
- црвене прскалице за обод чаше

УПУТСТВО:
a) Окружите чашу глазуром од крем сира и премажите је црвеним посипом или црвеним сомот мрвицама за торту.
b) Додајте лед у шејкер за коктеле.
c) Додајте све састојке у шејкер и добро протресите.
d) Када се промеша, сипајте садржај шејкера у чашу.
e) Послужите и уживајте!

98. Ред Велвет Схортцаке Цоцктаил

Прави: 1 порција

САСТОЈЦИ:
- 2 велике јагоде,ољуштене и нарезане
- 1 ½ унце Ред Велвет вотке
- 1 капљица лимуновог сока
- 3 до 5 унци крем соде, по укусу
- Свежа јагода, за украс

УПУТСТВО:
a) У шејкер за коктеле додајте кришке јагоде. Добро замутити.
b) Додајте вотку и лимунов сок. Напуните шејкер ледом и добро протресите.
c) Процедите у охлађену хигхбалл чашу напуњену свежим ледом.
d) Врх са содом.
e) Украсите јагодом. Послужите и уживајте.

99. Ред Велвет Смоотхие

Произвођачи: 2

САСТОЈЦИ:
- 1 шоља смрзнутог манга или 2 банане
- 1 мала цвекла, кувана и огуштена
- 3 кашике какао праха
- 1,5 шоље млека по избору или по укусу
- 3 урме, без коштица

УПУТСТВО:
a) Додајте све састојке у блендер. Блендајте док не постане глатко.
b) Укус. Додајте још урми или манга за жељену слаткоћу.
c) Додајте још млека за жељену конзистенцију. Поново промешајте и одмах уживајте.

100. Смоотхие од црвене сомотне цвекле и банане

Производи: 1

САСТОЈЦИ
- 1 смрзнута банана
- 1 шоља бадемовог млека
- 1 шоља смрзнутих бобица
- ½ цвекле, куване и ољуштене
- 2 кашике какао праха
- 1 кашика јаворовог сирупа/кокосовог шећера

УПУТСТВА
a) Додајте састојке Додајте све састојке у блендер.
b) Све изблендајте док не постане глатко, сипајте у чашу и уживајте!

ЗАКЉУЧАК

Црвени сомот је тако назван јер има баршунасту или глатку текстуру. Добар рецепт за торту од црвеног сомота захтева одређене количине какаоа, млаћенице и белог сирћета, који му дају веома јединствен укус, то није само обичан рецепт са бојама за храну. Такође, оригинални црвени сомот направљен је са глазуром од куваног млека, а не са смрдљивом тешком и превише слатком глазуром од крем сира која се сада обично користи. Глазура од куваног млека је попут мешавине шлага и путера, а добро направљена торта од црвеног сомота има деликатан и божански укус и текстуру.

Испробајте ове рецепте инспирисане црвеним сомотом данас; сигурно ће учинити да сваки сто заблиста и тако је једноставан начин да импресионирате.